개혁 지도자

느헤미야

개혁 지도자

느헤미야

Nehemiah

차 례

CONTENTS

프롤로그   6

1부 성벽 쌓기

01   공감   느헤미야 1:1~4   15
02   기도는 이렇게 하라   느헤미야 1:5~11   27
03   지혜와 진실이 만났을 때   느헤미야 2:1~10   39
04   야간 순행   느헤미야 2:11~20   53
05   위임과 분담으로 성벽을 쌓다   느헤미야 3:1~32   65
06   적대자 다루기   느헤미야 4:1~6   81
07   연장과 무기를 함께 들고   느헤미야 4:7~23   93
08   원망에서 아멘으로   느헤미야 5:1~13   105
09   청렴하나 각박하지 않고   느헤미야 5:14~19   117
10   인신공격을 물리치다   느헤미야 6:1~19   127
11   성벽 축조 기술자에서 국가 재건자로   느헤미야 7:1~72   141

2부 사람 세우기

    12   수문 앞 광장 부흥사경회 　　　　　느헤미야 7:73~8:18　　　153

    13   성경에서 가장 긴 기도 　　　　　　느헤미야 9:1~37　　　　169

    14   84인 언약 선언문 　　　　　　　　느헤미야 9:38~10:39　　181

    15   예루살렘에 십일조로 바쳐진 사람들　느헤미야 11:1~12:26　　193

3부 개혁자의 최후 : 외롭고 높고 쓸쓸하게

    16   성벽 봉헌 : 바닥에서 꼭대기로! 　　　느헤미야 12:27~47　　　205

    17   인생의 마지막 한 바퀴 　　　　　　　느헤미야 13:1~31　　　　219

에필로그 　　　　　　　　　　　　　　　　　　　　　　　　　　　234

PROLOGUE
프롤로그

딸아이가 컴퓨터 앞에 앉아 책을 읽으며 뭔가를 열심히 끼적거립니다. 이어폰을 끼고 음악도 듣습니다. 자판기 옆에는 스마트폰도 있습니다. 인터넷도 하고, 책도 읽고, 글도 쓰고, 음악도 듣고, 카카오톡도 합니다. 툭툭 치고 쓱쓱 문지르며 수많은 사이버 영토를 뛰어넘어 잽싸게 이동합니다. 아사다 아키라淺田彰(1957~)가 말하는 '스키조 키즈'(schizo kids), '분열증 아이'의 출현은 새삼스럽지가 않습니다.

근대 자본주의는 '파라노이아'(paranoia), 편집증적이었습니다. 멈추지 않고 돈을 벌고 또 벌어댔습니다. 재산을 산더미처럼 쌓아 놓고서 끝없이 자신의 영토를 구축해 나갔습니다. 근대문명은 이런 편집증적 추진력으로 인해 눈부신 성장을 거듭해 온 것이 사실입니다. 편집증형 인간은 이렇게 영토화와 재(再)영토화를 반복하며 영토의 확대에 주력하다가 결국은 고정된 체제, 즉 자신이 확보한 영토 안에 갇혀 정주해 버리기 쉽습니다. 더욱이 지속적으로 축적하는 일은 언제나 버겁기만 하고 또 그 영토를 지켜 내는 일은 더더욱 힘듭니다.

질 들뢰즈^{Gilles Deleuze}(1925~1995)와 아사다는 편집증형 시대가 물러가고 '스키조프레니아'(schizophrenia), 분열증형 시대가 왔다고 주장합니다. 창밖에서 뛰어노는 아이들을 보십시오. 한 곳에 머무르지 않고 계속 움직입니다. 중심을 향하여 집중하지 않고 수많은 대상을 향하여 분산합니다. 금방 산만해지고 이곳저곳을 함부로 기웃거리지요. 휴대전화와 인터넷을 이용하여 수시로 영토를 무너뜨리고 국가와 민족 경계를 자유자재로 넘나듭니다. 끊임없이 탈(脫)영토화를 꿈꾸는 것이지요. 물론 분열형 인간은 안정된 체제 중심에서 자꾸만 바깥으로 튕겨나가려고 하기에 영 불안하기 짝이 없습니다. 통일성도 없습니다. 그럼에도 편집적 정주에서 분열적 탈주로의 전환은 부인할 수 없는 우리 시대의 문화적 대세라고 할 수 있습니다.

대형 교회 주변의 잡음, 교단장 선거 후의 내홍(內訌) 등등으로 한국교회에 이따금씩 따가운 시선이 쏠릴 때가 있습니다. 무엇이 잘못되었을까요? 탈주를 모르는 정주가 문제인 것 같습니다. 정도의 차이는 있겠지만 그동안 우리는 지나치게 편집증적이었습니다. 긁어모으고 또 모았습니다. 1천 명이 모이는 교회는 2천 명, 3천 명, 1만 명을 부르짖었습니다. 편집증적 열정과 집착이 교회사에 유례없는 초고속 성장을 불러온 것은 분명한 사실입니다. 하지만 입으로는 천국 시민을 외치지만 이 세상이 전부인 양 축적하고 확장하는 영토화와 재영토화를 반복해 온 것도 불편한 진실입니다. 그러는 사이에 교회는 이제 성장하는 것 자체도 어렵지만, 지켜 내야만 할 영토들조차도 아주 버겁게 되어 버리고 말았습니다. 영토화할 수 없는 것 – 예컨대 하나님의 나라 – 을 영토화하려는 정주 교회가 필연적으로 걸리고 마는 덫이지요.

탈주는 유목주의와 연결됩니다. 정주 농경민과 달리 유목민은 목초지를 따라 끊임없이 떠돌아다닙니다. 물론 정주민도 이동하지만 어디까지나 잠시 멈추기 위해, 또 다른 재영토화를 위해 일시적 탈영토화를 시도할 뿐입니다. 하지만 유목민은 아예 영토화와 재영토화를 거부하기 위해 탈영토화와 탈주를 감행합니다. 그렇다고 해서 탈주가 현실의 안정을 외면하는 도피가 되는 것은 아닙니다. 현실의 파괴나 현실로부터의 단절과 소외도 아니지요. 언제나 탈주는 새로운 가치와 질서의 창조를 겨냥할 뿐입니다.

모세와 출애굽 백성들의 이야기는 유목민, 탈주, 탈영토화 스토리에 다름 아닙니다. 그러기에 엑소더스는 탈주기(脫走記)입니다. 모세야말로 태어나서 죽기까지 탈주를 거듭했던 대탈주자였습니다. 애굽 → 미디안 광야 → 애굽 → 40년 광야생활 → 느보산에서의 최후. 그의 전 인생 역정은 탈주의 연속이었습니다. 모세의 신비한 죽음이야말로 탈주와 탈영토화의 극점이었습니다. 젖과 꿀이 흐르는 가나안 땅을 목전에 두고 죽어야 하다니, 결승점을 코앞에 두고 완주하지 못하다니, 세상에 이보다 더 분한 일이 또 어디에 있겠습니까? 죽을 무렵까지 그의 눈은 초롱초롱했고 기력도 왕성했습니다. 하지만 그는 하나님의 말씀을 따라 쓸쓸히 죽었습니다. 어떻게 죽었을까요? 아무도 모릅니다. 그저 하나님이 지켜보시는 가운데 죽었고 하나님이 손수 묻어주셨습니다. 어떤 이는 하나님께서 안락사시켰다고도 말합니다. 그 흔한 무덤이나 비석도 없이, 자취도 없이 사라지고 말았습니다. 모세가 신격화되는 것을 막기 위해 하나님이 직접 쓰신 대탈주극(大脫走劇)이었지요.

여기 또 한 사람의 대탈주자를 소개합니다. 지금으로부터 2,500여 년 전에 혜성처럼 나타나 끊어진 유다의 맥을 이어 놓은 느헤미야입니다. 느헤미야는 현실에 정주하고 안주하면 얼마든지 일신의 부귀영달을 누릴 수 있는 사람이었지만, 앞뒤 재지 않고 그 안전한 영토를 박차고 떠났습니다. 100여 년 동안 폐허로 방치된 예루살렘 성, 밖으로는 기득권을 가진 원수들의 방해와 안으로는 유다 백성의 땅바닥에 떨어진 사기로 인해 누구도 엄두를 내지 못했던 예루살렘 성벽 재건 작업을 불과 52일 만에 해냈습니다. 외적인 성곽 중수보다 훨씬 더 중요한, 새 예루살렘에 거주할 하나님의 백성을 세우는 일도 거뜬히 해냈습니다.

느헤미야야말로 일신의 안락과 영화를 위한 그 어떤 정주와 영토화 혹은 재영토화를 거부하고 끝없이 탈주해 나가는 극적인 인생을 살았던 사람이지요. 그가 가려고 한 길은 비록 고난의 가시밭길이었지만, 끝없이 탈영토화를 반복하는 가운데 마침내 유다 민족사의 끊어진 정통성의 맥을 이어 놓았습니다. 저는 이 책에서 이와 같은 대탈주자 느헤미야의 모습을 성경에 있는 그대로 복원해 내고 싶었습니다.

키르케고르 Søren Aabye Kierkegaard(1813~55)는 자신을 하나님이 이 세상에 보낸 밀정(密偵)이라고 했습니다. 그리스도인은 하늘과 땅, 두 세상의 긴장 속에 살지만 이 세상을 면밀히 정탐하여 자신을 밀파한 하나님께 직고(直告)하는 동시에 절대적으로 충성해야 할 '거룩한 밀정'입니다. 고정된 체제에 고착하는 정주자가 아닌, 하나님의 명령을 수행하기 위해 부산히 이동하는 탈주자입니다.

느헤미야서를 탐독해 보니 느헤미야야말로 거룩한 밀정이었습니다. 그가 두려워한 대상은 오직 그를 밀정으로 파견한 하나님 한 분뿐이었습니다. 하나님이 부여하신 임무수행에만 전력투구했기 때문에 원수들의 온갖 방해 책동과 회유, 그리고 어떤 위협에도 흔들림이 없었습니다. 하나님이 주신 밀명에 따라 혁명보다도 더 어렵다는 내부 개혁을 한 치의 빈틈도 없이 완수해 냈습니다. 100여 년 동안 그 누구도 엄두를 내지 못했던 예루살렘 성벽 중수 공사에 뛰어들어 불과 52일 만에 완료했고, 영영 단절될 뻔했던 민족사의 맥을 되살려 놓았습니다. 아무리 생각해 봐도 느헤미야야말로 오로지 자신을 이 세상에 밀파한 하나님께만 충성한 하늘의 첩자였습니다!

이 책은 느헤미야에 대한 강해서입니다. 어렵거나 지루하다고 해서 어떤 장, 어떤 구절도 건너뛰거나 피하지 않고 성경에 나타난 거의 모든 내용을 바르게 해석해 보려고 애썼습니다. 시중에 느헤미야에 대한 주석서나 설교집이 넘쳐나는 판에 또 무슨 책이냐고 반문할 수도 있겠지만, 이 책은 조금 차별화가 되었으면 합니다. 한 시대의 개혁 지도자로 부름 받은 느헤미야와 유다 백성들이 구체적으로 어떤 일을 했고, 어떻게 온갖 장애물을 극복해 냈는지 그 전모를 밝혀내는 책이 되었으면 합니다. 더욱이 이 졸고를 함께 읽으면서 우리 시대야말로 느헤미야와 같이 비전과 인격과 영성과 실력을 두루 갖춘 개혁 지도자들이 긴요한 시대임을 뼛속 깊이 체감하는 기회가 되었으면 합니다.

이 어려운 출판 불황기에 책을 내주신 도서출판 kmc의 손인선 목사님과 박영신 과장님을 비롯한 편집진 여러분께 감사드리고, 내 사랑하는 내리교회의 교우 여러분과 함께 이 작은 기쁨을 나누고 싶습니다.

주후 2013년 12월 눈 내리는 깊은 밤
단촌(丹村) 김흥규

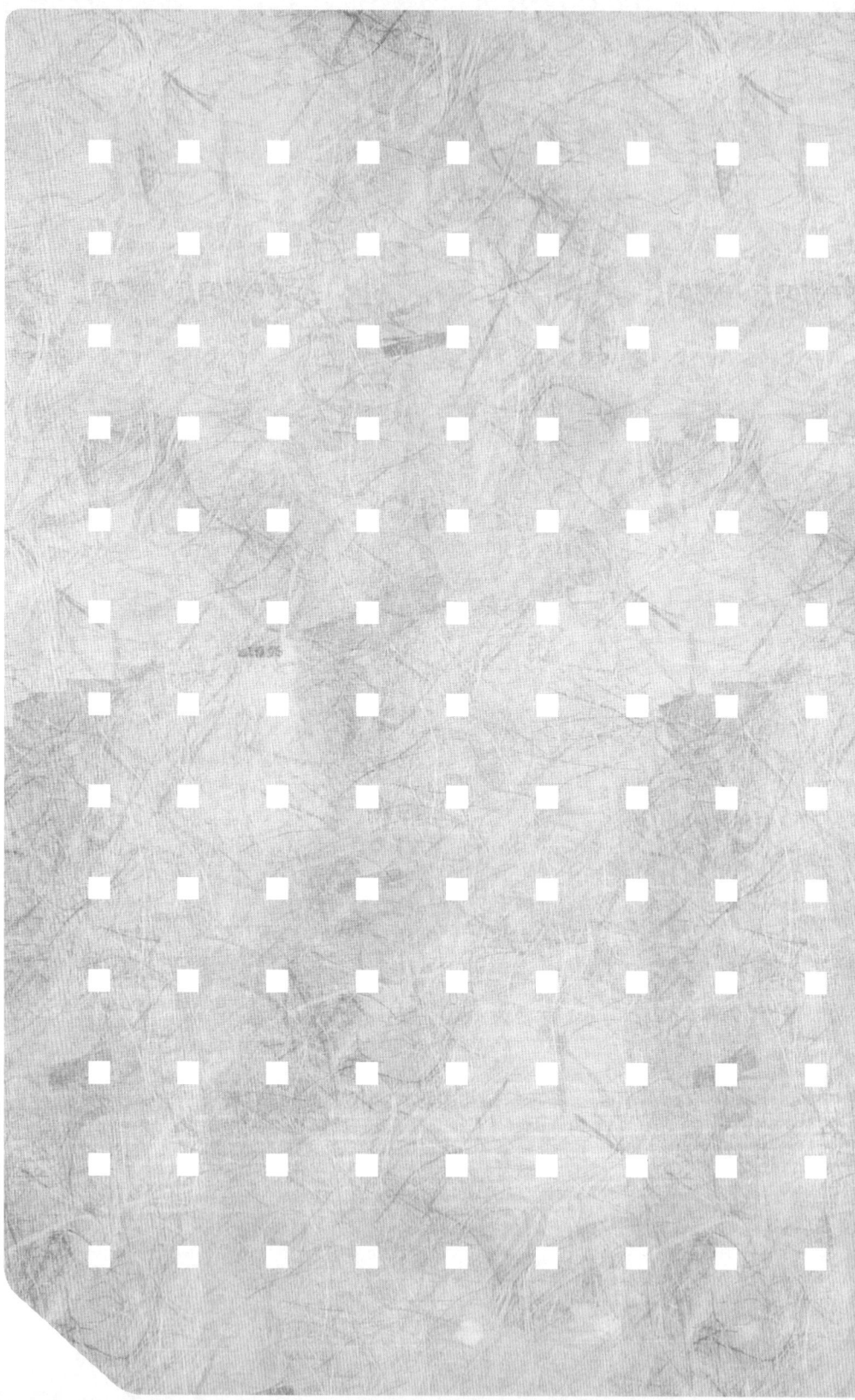

Nehemiah

성벽 쌓기

Ⅰ부

느헤미야 1:1~4

하가랴의 아들 느헤미야의 말이라 아닥사스다 왕 제이십년 기슬르월에 내가 수산 궁에 있는데
내 형제들 가운데 하나인 하나니가 두어 사람과 함께 유다에서 내게 이르렀기로
내가 그 사로잡힘을 면하고 남아 있는 유다와 예루살렘 사람들의 형편을 물은즉
그들이 내게 이르되 사로잡힘을 면하고 남아 있는 자들이 그 지방 거기에서 큰 환난을 당하고
능욕을 받으며 예루살렘 성은 허물어지고 성문들은 불탔다 하는지라
내가 이 말을 듣고 앉아서 울고 수일 동안 슬퍼하며 하늘의 하나님 앞에 금식하며 기도하여

chapter 01

공감

느헤미야 1:1~4

지도력 위기에 빠진 한국 교회

곳곳에서 한국 교회의 추락에 대한 탄식이 들려옵니다. 교회는 점점 더 사회적인 신뢰를 잃어가고 있습니다. 소금이 되어서 세상을 썩지 않게 해야 할 교회가 먼저 썩어가고 있습니다. 빛이 되어서 어두운 세상을 환히 비추어야 할 교회가 안에서부터 짙은 어둠에 싸여 있습니다. 수두룩한 교회들이 말로는 주님의 몸 된 교회라고들 하지만 개인의 소유물들로 전락해 가는 조짐이 역력합니다. 교회 안팎에서 자조와 냉소와 지탄이 매섭습니다. 분명 한국 교회의 위기입니다.

한국 교회의 위기는 지도력의 위기입니다. 믿고 따를 만한 지도자를 찾기 어렵기 때문에 한국 교회는 표류를 거듭하고 있습니다. 물론 도처에 지도자라 자처하는 이들이 넘쳐나고 있기는 합니다. 추종자 없는 지도자가 있을 수 없고, 이런저런 이유로 따르는 무리들이 있기에 지도자라 자처하는 이들 역시 있는 법입니다. 하지만 추종자가 있다고 해서 다 올바른 지도자는 아닙니다. 암흑가의 조폭세계에도 지도력은 있습니다. 그 어떤 공동체보다도 끈끈한 의리와 충성심으로 똘똘 뭉친 공고한 지도력이라 할 수 있겠지요. 하지만 냉철한 이성과 선한 양심의 눈으로 볼 때 아무도 이런 지도력을 건전한 지도력이라고 생각하지는 않습니다.

불행하게도 우리 교회와 교단 안에도 이러한 형태의 불건전한 지도력이 판을 치고 있는 것이 사실입니다. 지금껏 각 교단을 대표하는 교단장 선거에서 어느 정도의 향응과 금품수수 없이 치러진 순수한 선거는 별로 없었습니다. 정치인들조차도 공정사회를 목소리 높여 강조하는 이 마당에 혈연, 지연, 학연, 어느 것 하나라도 걸치지 않으면 접근할 수 없는, 불공정한 교회들이 적지 않습니다. 문제는 불공정 목회를 부채질하는 그런 지도자들과 그 사람들을 따르는 추종자들이 한국 교회의 위기를 더욱 암울하게 하고 있다는 것입니다. 바른 지도자가 바른 추종자를 만들어 냅니다. 같은 이치로 올곧은 추종자가 올곧은 지도자를 만들어 냅니다. 이제 지도력 위기에 빠진 한국 교회는 먼저 바른 지도력의 모델을 찾아야 합니다. 우리는 바른 지도력을 갖춘 성서의 모델을 느헤미야에게서 찾을 수 있습니다.

왜 느헤미야인가?

평신도 지도자 느헤미야

구약시대의 지도자들은 주로 하나님이 기름 부어 세우신 왕과 제사장 그리고 선지자였습니다. 적어도 이스라엘이라는 한 나라가 세워지고 어느 정도 정치조직이 구비된 다음부터 이스라엘에서 압도적인 영향력을 행사한 지도자들은 이 세 부류의 사람들이었습니다. 그런데 유독 느헤미야는 평신도 지도자였습니다. 그는 기름 부음을 받은 성직자가 아니라 예루살렘의 총독으로서 15년 동안 눈부신 성과를 거둔 세속 지도자였습니다. 그는 백년이 넘도록 아무도 나서지 못해 답보상태에 빠져 있던 예루살렘 성벽 중건 작업을 불과 52일 만에 해냈습니다. 바벨론 포로 이후에 민족적 정체성과 자긍심을 잃고 수치와 환멸에 빠져 있던 유다 백성들에게 다시금 선민의식을 고취시켰습니다. 물질만능주의에 찌들고 우상숭배에 빠져 세속에 허우적거리던 사람들을 말씀의 백성으로, 성민(聖民)으로 리모델링했습니다. 이처럼 느헤미야는 정치적 수완과 통치 기술이 남달랐고, 신앙적인 순수성과 열정도 별처럼 빛났던 지도자였습니다.

세속적인 능력은 탁월한데 신앙이 순수하지 못한 그리스도인 지도자들이 적잖이 있습니다. 어떤 난제라도 척척 해결해 내서 '귀재'(鬼才)라는 말을 듣지만 믿음이 깊지 못해 '이런들 어떠하리, 저런들 어떠하리' 쉽게 시류에 영합하는 지도자 유형이지요. 세상적인 관점에서 본다면 무능한 지도자보다 훨씬 뛰어나다고 할 수 있겠지만, 하나님 편에서 볼 때는 그렇지 않습니다. 정반대로 신실한 신자이기는 하지만 정작 세상무대에 설 때는 영 무능한 지도자도 있습니다. 교회 안에서는 존경을 받지만, 세상에서는 그렇지 못한 지도자 유형이지요. 하나님이 쓰시고자 하고 사람들이 목말라하는 지도자는 착하면서도 충성된 일꾼입니다. 비둘기처럼 순결하고 뱀처럼 지혜로운 사람입니다. 느헤미야가 바로 그런 지도자였습니다. 그는 신실한 하나님의 사람인 동시에 유능한 정치인이었습니다.

위기의 때에 혜성처럼 나타나다

느헤미야는 포로 귀환기에 예루살렘 총독으로 활동한 사람입니다. 느헤미야의 지도력을 추적하기 위해서는 간략한 역사 스케치가 필요합니다. 솔로몬이 죽은 이후에 이스라엘은 남유다와 북이스라엘로 분열되었습니다. 먼저 사마리아를 수도로 삼은 북이스라엘이 기원전 722년 앗수르 제국에 의해서 멸망당한 뒤, 남유다마저 기원전 586년에 바벨론 제국에 의해서 무너졌습니다. 유다 사람들을 포로로 잡아가서 노예로 부려먹던 바벨론은 기원전 539년경 다시 메데와 파사, 즉 페르시아에 의해서 망했고 중동의 패권은 페르시아로 넘어갔습니다. 페르시아의 고레스 왕은 친(親)이스라엘 정책을 펴서 수많은 유다 포로들을 예루살렘 고향으로 돌아가게 해 주었습니다. 이 시기를 포로 귀환기라고 부르는데 모두 3차에 걸쳐서 진행되었습니다.

제일 먼저 기원전 538년 제사장 스룹바벨의 인솔하에 5만여 명의 유다인들이 돌아와서 예루살렘 성전을 건축했습니다. 그런 뒤 458년에 에스라가 1,800여 명을 데리고 예루살렘으로 돌아왔습니다. 제2차 포로 귀환이었습니다. 스룹바벨이 포로 귀환민들과 더불어 무너진 성전을 재건했다면, 학사 에스라는 하나님의 말씀으로 돌아가는 신앙 부흥 운동을 일으키려고 했습니다. 하지만 재건된 성전 주변과 유다 백성들의 거주지를 보호해 줄 성벽 재건 작업은 오랫동안 착수되지 못했습니다. 그러므로 달랑 성전만 지어진 채 성벽이 세워지지 않은 예루살렘은 치안 유지가 전혀 보장되지 않는 황폐하고 불안한 도시였습니다.

포로 귀환이 시작된 이래 유다 백성들은 오랜 세월 방치된 예루살렘 성벽을 재건하려는 시도를 여러 차례 했지만, 그때마다 역부족이었습니다. 먼저 포로생활을 마치고 갓 돌아온 지라 인력이 미미했고, 2~3킬로미터나 되는 성벽 축조 작업을 할 수 있는 기술이나 자원도 턱없이 부족

했습니다. 이런 상태에서 예루살렘으로 돌아온 사람들은 아직도 포로시절의 노예근성을 버리지 못하고 뿌리 깊은 패배감에 싸여 의기소침해 있었습니다. 성벽을 다시 쌓아 보려고 해도 예루살렘 거류민들 스스로가 기가 죽어 있었기에 차마 엄두를 내지 못하고 있었던 실정이지요.

이런 악조건에도 불구하고 에스라는 성벽 중수 작업을 시도했습니다. 하지만 그 당시 예루살렘 지역을 통제하고 있던 사마리아 지도자들이 페르시아 황제에게 이를 방해하는 상소문을 올렸습니다(스 4:1~24). 그들은 두 가지 이유를 들어 유다 사람들을 모함했습니다. 유다 사람들이 성전을 재건하고 성벽을 다시 쌓으려는 것은 나라를 다시 일으켜, 첫째 세금과 조공을 바치지 않으려는 심사 때문이고, 둘째 이렇게 해서 반역을 일으키려는 음모를 꾸미는 것이라고 모함한 것입니다. 이러한 음해성 고발로 인하여 페르시아 국왕 아닥사스다는 조서를 내려 성벽 재건 작업을 무력으로 중단시켰습니다. 아마 이때 건축 작업을 하던 유다인들 중 상당수가 죽임을 당하거나 체포된 것 같습니다.

결국 예루살렘 성전과 예루살렘 거민들을 보호해 줄 성벽 중수 사업은 무위로 끝났고, 그나마 건설되었던 성벽은 완전히 훼파되고 말았습니다. 그러한 일이 일어난 지 꽤 오랜 세월이 흐른 뒤 느헤미야는 예루살렘에 대한 비참한 소식을 듣게 됩니다.

"아닥사스다 왕 제이십년 기슬르월에 내가 수산 궁에 있는데 내 형제들 가운데 하나인 하나니가 두어 사람과 함께 유다에서 내게 이르렀기로 내가 그 사로잡힘을 면하고 남아 있는 유다와 예루살렘 사람들의 형편을 물은즉 그들이 내게 이르되 사로잡힘을 면하고 남아 있는 자들이 그 지방 거기에서 큰 환난을 당하고 능욕을 받으며 예루살렘 성은 허물어지고 성

문들은 불탔다 하는지라."(1~3)

아닥사스다 왕 제이십년 기슬르월은 기원전 445년 11월 중순쯤 됩니다. 유다가 망한 뒤 바벨론으로 끌려간 지 약 140년 정도가 지난 뒤였지요. 예루살렘 성은 엉망진창이었습니다. 두 차례에 걸친 포로 귀환을 통해 상당수 유다인들이 예루살렘에 돌아와 예루살렘 성전이 재건되었다고는 하지만 성벽은 무너져 잡초만 무성했습니다. 그야말로 황성(荒城) 옛터로 방치된 것이지요. 무엇보다도 스룹바벨의 지도하에 성벽 재건 작업을 시도하다가 페르시아에 의해 무력 진압까지 당하면서 많은 사람들이 목숨을 잃거나 체포를 당했습니다.

이러던 차에 느헤미야를 방문한 동생 하나니와 몇 사람이 알려 준 예루살렘 소식은 너무나 충격적이었습니다. 유다 백성들이 이루 말할 수 없는 능욕을 당하고 있고, 예루살렘 성벽은 무너져 거대한 돌들이 사방에 굴러다니며, 성문은 불에 타서 잿더미가 되었다는 소식이었습니다. 이것은 아무리 생각해도 140년 전 바벨론의 느부갓네살 왕에 의해 예루살렘이 초토화된 비극을 말하는 것으로 보기 어렵고, 포로 귀환 시기에 사마리아인들의 방해 공작으로 성벽 중건 작업이 중단된 이후에 벌어진 사태를 전해 준 것 같습니다. 이제 이러한 소식을 들은 느헤미야의 반응이 매우 중요합니다. 이 반응에서 민족을 위기로부터 구할 위대한 지도력의 싹이 보이기 때문이지요.

수산 궁에서 예루살렘을 생각하다

느헤미야가 누구입니까? 그 당시 중동의 패권을 잡고 있던 페르시아의 황제 아닥사스다의 술 맡은 관원입니다(1:11; 2:1). 그는 포로 4세로서 페르시아에서 최고로 출세해 부귀영달을 누리는 정통 관료였습니다. 술 관원이라 함은 왕에게 바칠 포도주를 비롯한 각종 술의 제조과정에서부터 진상(進上)에 이르기까지 전 과정을 총지휘하고 감독하는 사람이지요. 임금을 독살하기 위해 독약을 술에 타는 일이 워낙 자주 일어나기 때문에 임금이 아주 신임하지 않는 신하가 아니면 이 직분을 맡을 수 없었습니다. 그래서 어떤 학자는 느헤미야야말로 왕이 가장 신뢰하던 최측근으로서, 오늘로 치면 국정원장이나 국무총리에 버금가는 권력자였을 것으로 추측합니다.

기원전 5세기경의 것으로 추정되는 페르시아 술잔. 느헤미야가 왕에게 술을 바칠 때 사용했던 종류의 술잔으로써 금으로 제작되었으며 날개 달린 장엄한 사자상이다.

왕이 자신의 목숨을 맡길 만큼 느헤미야를 신임했다면, 그는 분명히 인품이 뛰어났음은 물론이고 남다른 용기와 예지, 날카로운 판단력, 비상한 임기응변 등등 지도자로서 갖추어야 할 제반 능력을 두루 갖춘 엘리트임에 틀림없습니다. 만에 하나 임금에 대한 모반 행위라도 있을 경우 사전에 그것을 알아차리고 막아 낼 수 있는 탁월한 능력이 있었기에 유다인 포로 4세라는 신분의 한계에도 불구하고 전격적으로 술 관원으로 발탁되었을 것입니다. 이와 같이 술 관원으로서의 필요 충분 자질을 갖춘 느헤미야의 능력이 예루살렘 총독으로서 성벽을 재건하는 과정에서 여지없이 드러납니다.

느헤미야는 지금 엄청난 권세와 부귀영화를 누리고 있습니다. 어떤 학자는 본문의 배경이 되고 있는 수산 궁이 페르시아 왕의 겨울 휴양지였다고 봅니다. 유대력으로 기슬르월, 즉 11월 중순경에는 날씨가 추웠기에 왕과 신하들이 겨울 별궁에 가서 집무를 봤다고 볼 수 있지요. 그 추운 날씨에도 따뜻한 궁전에서 한겨울을 날 수 있었고, 누구도 부러울 것 없는 최고 권력자의 삶이야말로 느헤미야가 누리는 확실한 특권이었습니다.

그런데 예루살렘에서 날아든 비보는 느헤미야의 마음을 어둡게 했습니다. 여기에서 잠깐, 느헤미야에게 예루살렘에 관한 소식을 전해 준 하나니 일행은 어쩌면 유다의 국가 재건을 도모하는 '예루살렘 비밀결사대 원들'이었을지도 모릅니다. 그렇다면 느헤미야와 이 비밀결사대 사이에는 예루살렘의 상황 전개에 대한 모종의 정보 교환이 여러 차례 있었을 것입니다. 이렇게 해석하는 것이 예루살렘을 향한 느헤미야의 불붙는 마음을 보다 자연스레 설명하게 해 줄 것입니다. 다시 말해 어느 날 뜬금없이 나타난 사람들이 전해 준 돌발소식 때문에 느닷없이 느헤미야의 마음이 격동된 것이 아니라는 말이지요. 느헤미야는 오래 전부터 예루살렘 재건에 깊은 관심을 가지고 비밀정보원을 파견해서 주도면밀하게 정보를 수집해 왔고, 성벽을 재건할 적절한 시기를 저울질해 왔다고 보는 것이 훨씬 더 설득력 있습니다.

여기서 중요한 것이 있습니다. 느헤미야가 전혀 그럴 필요가 없는 일에 자신의 목숨을 걸고 있다는 사실입니다. 유다와 예루살렘이 조상들의 고국이라고는 하나 포로 4세인 자기와는 무관한 먼 나라의 일일 수도 있습니다. 재미교포 4세나 재일동포 4세가 대개 한국에 대해서도 그렇게 느끼겠지만, 이스라엘은 할아버지의 나라일 뿐 언어나 문화, 생활습관조차도 페르시아 제국에 완전히 동화되어 버린 자기와는 아무 상관이 없다는 태도를 취할 수도 있습니다. 그리하여 느헤미야는 할아버지 나라에 대해서는 완전히 무관심한 채 페르시아에서 주어진 현재의 직무에 충실하고, 지금 누리는 행복을 만끽하면 그만인 것입니다. 하지만 느헤미야는 달랐습니다. 예루살렘의 비극에 슬픔이 북받쳐 올랐습니다. 그 소식을 듣자마자 주저앉아서 울기 시작했습니다. 슬픔에 잠긴 채 며칠 동안 금식하며 애절하게 기도했던 것입니다.

여기에 지도자가 갖추어야 할 첫 번째 덕목이 나옵니다. 인간에 대해서 깊은 애정을 갖고 눈물로 공감할 수 있는 기질입니다. '느헤미야'라는 이름은 '야훼 하나님이 위로하신다'는 뜻입니다. 느헤미야는 자신의 조국(祖國), 말 그대로 할아버지의 나라가 폐허가 되었고 사람들이 폐인이 되다시피 했다는 소식을 들은 뒤 하나님의 위로가 필요함을 알고 목 놓아 울었습니다. 그래서 모든 것이 풍요롭고 따뜻한 겨울 궁전 수산 궁에서 수천 리 떨어진 황폐하고 추운 예루살렘 성을 생각했습니다. 보호해 줄 성벽도 없이 짐승처럼 비참한 삶을 사는 자신의 동족을 생각하고, 여러 날 동안 슬픔에 잠겨 식음을 전폐하고 기도했습니다.

지도력의 출발점, 공감

불쌍한 이들을 떠올리면 눈물이 나는 사람, 큰 위기와 시련을 겪는 조국과 민족을 생각하면 심장이 뜨거워지는 사람, 바로 지도자로서의 첫 번째 소양을 갖춘 사람이지요. 어떤 문제이든 간에 먼저 뜨거운 가슴으로 공감하지 않는 상태에서는 진정한 지도력이 나오기 어렵습니다. 이 공감하는 마음으로부터 기도가 나오고, 문제를 해결하기 위한 지혜와 추진력도 함께 나옵니다.

그런데 이 공감의 능력은 모든 지도력의 기초가 되는 인격의 문제와 같습니다. 느헤미야가 자신의 안일과 영달을 포기하고 자칫 목숨까지 위태로운 일에 뛰어들려고 하는 것 자체가 그의 남다른 인격을 보여 줍니다. 높은 곳에서 낮은 곳으로 자발적으로 내려와 고난당하는 동족들과 함께 기꺼이 고난을 당하고자 하는 자비심이야말로 그의 인격 깊은 곳에서부터 우러나온 진심이었습니다. 영어로 자비심이나 동정심을 뜻하는 '컴패션'(compassion)은 본래 '함께 고난을 당하고자 하는 마음'을 뜻합니다. 느헤미야에게는 이런 공감과 동정심이 있었습니다. 앞으로 살펴보겠지만, 느헤미야가 탁월한 지도력을 행사할 수 있었던 비결은 그의 인격과 영성, 그리고 실력이 함께 어우러진 결과였는데, 이 세 가지는 모두 공감과 동정심에서부터 비롯되었습니다.

그리스도인 지도자는 반드시 인격과 영성과 능력을 모두 갖추어야 합니다. 이웃을 사랑하는 뜨거운 마음이 하나님을 향한 뜨거운 기도로 이끌어 주고, 이러한 사랑의 영성은 자연스레 어떤 난제도 해결할 수 있는 특출한 지혜와 능력을 갖추게 해 줍니다. 느헤미야는 일신의 영달을 뒤로하고 위기에 빠진 조국을 먼저 기억했습니다. 근 백 년이 지났어도 누구도 엄두를 내지 못했던 예루살렘 성벽 재건 작업을 자신이 해야 할 사명으로 뼛속 깊이 자각했습니다. 이 사명에 대한 자각은 앞서 기술한 대로 조국과 민족에 대한 뜨거운 마음, 즉 공감과 동정심에서 시작되었습니다.

흔히 리더십을 '영향력'으로 해석합니다. 그렇다면 어떤 큰 기관이나 공동체의 리더만 영향력을 발휘하는 것은 아닙니다. 가정에도 리더가 있어야 하고, 소그룹에도 리더가 있어야 합니다. 선한 영향력을 미쳐야 할 곳이라면 어디든지 리더가 필요합니다. 그런데 리더의 첫 번째 자질은 공감할 수 있는 능력입니다. 관심과 측은지심(惻隱至心)이지요. 가족을 생각할 때 가슴이 찡해서 눈물부터 난다면 그가 리더입니다. 교회, 동네, 나라와 민족, 아프리카 난민, 기아로 죽어가는 어린이 등등 그저 생각만 해도 가슴이 뜨거워진다면 그가 바로 리더입니다.

다산(茶山) 정약용丁若鏞(1762~1836) 선생은 「목민심서」(牧民心書)에서 유독 애민(愛民) 사상을 강조합니다. 특히 고아와 과부, 홀아비, 늙어 자식이 없는 사람, 즉 사궁(四窮)을 관리들에게 잘 돌볼 것을 당부합니다. 기생을 끼고 광대를 불러 하룻밤을 즐기는 데 물 쓰듯 거액을 쓰면서 정작 불쌍한 사람들을 돌보는 일에는 인색하기 짝이 없는 지방 수령들을 매섭게 질타합니다.

교회 개혁, 나라 개혁 다 좋습니다. 하지만 말만 한다고 해서 개혁이 되지는 않습니다. 개혁자는 먼저 가슴이 뜨거워야 합니다. 공감할 수 있는 능력이 있어야 합니다. 고난의 짐을 함께 지고자 하는 자비심이 있어야 합니다. 의분(義憤)만 가지고서는 되지 않습니다. 가슴 깊은 곳에서 우러나오는 뜨거운 눈물이 있어야 합니다. 그 눈물(인격)에서부터 기도(영성)도 나오고, 지혜도 나오고, 대책도 나오고, 실천력(실력)도 나옵니다. 그러기에 우리 시대의 지도력 위기는 다름 아닌 공감 위기입니다. 문제와 위기를 보고서도 도무지 마음이 움직이지 않는 무감동에서부터 지도력 부재는 시작됩니다.

느헤미야 1:5~11

이르되 하늘의 하나님 여호와 크고 두려우신 하나님이여 주를 사랑하고
주의 계명을 지키는 자에게 언약을 지키시며 긍휼을 베푸시는 주여 간구하나이다
이제 종이 주의 종들인 이스라엘 자손을 위하여 주야로 기도하오며
우리 이스라엘 자손이 주께 범죄한 죄들을 자복하오니 주는 귀를 기울이시며
눈을 여시사 종의 기도를 들으시옵소서 나와 내 아버지의 집이 범죄하여
주를 향하여 크게 악을 행하여 주께서 주의 종 모세에게 명령하신
계명과 율례와 규례를 지키지 아니하였나이다
옛적에 주께서 주의 종 모세에게 명령하여 이르시되
만일 너희가 범죄하면 내가 너희를 여러 나라 가운데에 흩을 것이요
만일 내게로 돌아와 내 계명을 지켜 행하면 너희 쫓긴 자가 하늘 끝에 있을지라도
내가 거기서부터 그들을 모아 내 이름을 두려고 택한 곳에 돌아오게 하리라
하신 말씀을 이제 청하건대 기억하옵소서
이들은 주께서 일찍이 큰 권능과 강한 손으로 구속하신 주의 종들이요 주의 백성이니이다
주여 구하오니 귀를 기울이사 종의 기도와 주의 이름을 경외하기를
기뻐하는 종들의 기도를 들으시고 오늘 종이 형통하여 이 사람들 앞에서 은혜를 입게 하옵소서
하였나니 그 때에 내가 왕의 술 관원이 되었느니라

chapter 02

기도는 이렇게 하라

느헤미야 1:5~11

무릎을 꿇고 기도로 준비하다

예루살렘 성곽이 허물어지고 성문들이 불탔다는 소식을 들었을 때 느헤미야는 그 자리에 털석 주저앉아 울었습니다. 그리고 여러 날 동안 슬퍼하며 금식했습니다. 그러면서 자신의 사명을 깨달았습니다. 무너진 예루살렘 성벽을 다시 쌓는 일과 유다 백성의 정체성을 다시 찾는 일이었습니다. 성벽 수축 작업이 외형적인 과제라고 한다면, 유다 백성의 신앙과 민족적 자긍심을 회복시키는 일은 내면적인 과제입니다. 유다 민족의 정체성을 회복해서 바벨론 포로 이후 영영 끊길 뻔했던 구속사의 맥을 이어 나가는 참으로 어려운 과제였습니다.

나라를 잃고 포로가 된 유다는 이방문화에 동화된 나머지 폐멸(廢滅) 일보 직전까지 갔습니다. 간신히 포로생활을 마치고 고향으로 돌아왔다고는 하나 달랑 땅만 있었지, 모든 것은 궁핍하고 황폐했습니다. 어떤 지도자가 나선다고 할지라도 예루살렘 재건 프로젝트는 불가능해 보였습니다. 느헤미야도 이러한 사실을 너무도 잘 알았기에 매우 신중했습니다. 그는 넉 달 가까이 기도에만 전념했습니다.

여기에 지도자가 갖추어야 할 위대한 영성이 나옵니다. 느헤미야는 자신의 사명을 누구에게도 말하지 않고 오직 하나님께만 직고하며 하나님이 허락하실 때를 기다렸습니다. 느헤미야가 예루살렘에 관한 소식을 듣고 기도를 시작한 때가 유대력으로 기슬르월, 즉 11월 중순이었고, 기도를 마친 후 아닥사스다 왕 앞에 나가 예루살렘 귀국을 요청한 것이 니산월, 즉 3월 중순이었으므로, 적어도 넉 달 가까이 기도한 후에 비로소 첫 발을 내디뎠다고 볼 수 있습니다. 기도를 통해 하나님의 섭리를 확인할 때까지 경솔한 행동을 취하지 않았던 것이지요.

성경 전체를 놓고 볼 때 하나님의 역사하심을 유별나게 강조하는 책이 느헤미야서입니다. 포로 귀환 이후 꺼져 가는 등불처럼 간신히 명맥만 유지하던 유다가 살아남게 된 것은 결단코 사람이 한 일이 아닙니다. 전적으로 하나님의 은혜요, 하나님의 능력으로 이루어진 기적입니다. 그러므로 중대한 일을 만날 때마다 느헤미야가 간절히 기도했다는 사실은 그의 일상 영성에 너무도 자연스럽게 부합됩니다.

느헤미야서에는 기도와 관련된 삽화가 모두 12차례나 등장하는데, 느헤미야가 드린 개인 기도만 해도 9차례나 됩니다. 그는 자신의 지식이나 경험, 권력이나 혈육을 의지하기 이전에 먼저 무릎부터 꿇을 줄 아는 지도자였습니다. 눈물로 상징되는 인격과 무릎으로 상징되는 영성을 겸비했던 것이지요. 그리스도인 리더에게서 기도는 참으로 중요한 덕목이요, 무기입니다. 무릎을 꿇지 않은 상태에서는 참된 지혜와 능력이 오지 않습니다. 그래서 에이브러햄 링컨Abraham Lincoln(1809~65)은 이런 고백을 했습니다. "저는 어디로 가야 할지 모른다는 확신이 들 때마다 몇 번이나 무릎을 꿇었습니다. 제 자신의 지혜와 제 주변의 그 어떤 것들도 그날을 위해서 충분하지 않았기 때문입니다."

느헤미야 기도의 네 요소

느헤미야의 기도에서 우리는 기도의 모범을 발견할 수 있습니다. 먼저 느헤미야가 하나님께 집중적인 기도를 드리기 전, 그의 감정 상태를 주목해야 합니다. 예루살렘에 관한 비보를 접했을 때 통곡했고 깊은 슬픔에 잠겨 식음을 전폐했습니다. 눈물로 얼룩진 금식기도를 드렸다는 말이지요. 물론 하나님은 우리가 드리는 그 어떤 기도도 들으시겠지만, 감정이 메마른 상태에서 드리는 건조한 기도보다는 감정이 격한 상태에서 드리는 열정적인 기도, 특히 식음을 전폐하고 눈물로 드리는 기도가 훨씬 더 큰 효과를 낼 것입니다. 느헤미야에게는 매일 왕 앞에 술잔을 바치는 일 자체가 목숨을 거는 위태로운 일이었겠지만, 예루살렘으로 가서 대대적인 성벽 토목 공사를 하는 것보다 위험천만한 일은 없었습니다. 그리하여 이 소름 끼치는 난제를 앞에 두고 눈물과 금식의 기도를 올리지 않을 수 없었던 것입니다.

격한 감정으로 기도를 했다고 해서 느헤미야의 기도가 순간적인 감상에만 그친 것은 아닙니다. 무엇보다도 그의 기도에는 술 맡은 관원으로서의 치밀하고도 예리한 성품이 그대로 드러납니다. 느헤미야의 기도야말로 기도의 고전으로서 신학적으로 건전할 뿐 아니라 우리의 심금을 울립니다.

기도의 대상에 대해서 알고 기도하다

첫째로, 느헤미야는 먼저 자기의 기도를 들으시는 분이 어떤 분인지 그 대상을 정확히 알고 기도했습니다. 우리는 누군가에게 무엇을 부탁할 때 크게 두 가지를 염두에 두고 따져봅니다. 먼저 상대방이 내가 바라는 소원을 들어줄 수 있는 능력이 있는지를 살펴봅니다. 무거운 짐을 나를 때 힘이 없는 꼬부랑 할머니에게는 도와달라고 부탁하지 않습니다. 주로 건장한 청년이 지나갈 때 부탁을 하지요. 하지만 상대방이 설령 부탁을 들어줄 만한 능력을 갖고 있다 할지라도 도와줄 의사가 보이지 않을 경우에는 부탁하기가 어렵습니다. 짐을 날라줄 수 있는 충분한 힘은 있지만 평소 남에게 해코지만 하는 못된 사람일 경우 부탁하기 어렵다는 말이지요. 괜히 부탁해 봤자 무안 내지 봉변을 당할 수 있기 때문입니다.

"하늘의 하나님 여호와 크고 두려우신 하나님이여 주를 사랑하고 주의 계명을 지키는 자에게 언약을 지키시며 긍휼을 베푸시는 주여 간구하나이다."(5)

느헤미야는 자신의 기도를 들으시는 하나님이 간절한 소원을 들어주실 수 있는 전능하신 하나님이심을 알았습니다. "하늘의 하나님 여호와 크고 두려우신 하나님"이 바로 이런 하나님의 능력을 나타냅니다. 느헤미야는 지금 페르시아의 수산 궁에 있습니다. 참담한 문제는 예루살렘에 있습니다. 수산 궁은 부유하고 강하지만, 예루살렘은 궁핍하고 약합니다. 하지만 땅에 있는, 정반대되는 두 도시는 '하늘의 하나님'이 보시기에 아무 차이가 없습니다. 하늘의 하나님은 땅의 도시인 예루살렘을 또 다른 땅의 도시인 페르시아 제국의 수도 수산 궁 못지않게 만드실 수 있는 분입니다.

그런가 하면 그 전능하신 하나님은 동시에 "주를 사랑하고 주의 계명을 지키는 자에게 언약을 지키시며 긍휼을 베푸시는 주", 즉 선한 의지를 가지신 하나님입니다. 이와 같이 느헤미야는 자신이 '능력'(Can)과 '선한 의지'(Will)를 모두 갖추신 하나님께 기도하고 있다는 사실을 분명히 알고 기도했습니다.

자신과 동족의 죄를 고백하다

둘째로, 느헤미야의 기도는 죄를 고백하는 기도로 이어집니다.

"이제 종이 주의 종들인 이스라엘 자손을 위하여 주야로 기도하오며 우리 이스라엘 자손이 주께 범죄한 죄들을 자복하오니 주는 귀를 기울이시며 눈을 여시사 종의 기도를 들으시옵소서 나와 내 아버지의 집이 범죄하여 주를 향하여 크게 악을 행하여 주께서 주의 종 모세에게 명령하신 계명과 율례와 규례를 지키지 아니하였나이다."(6~7)

주야로 기도한다는 내용으로 보건대, 느헤미야는 이러한 형태의 기도를 날마다 습관적으로 드렸다고 볼 수 있습니다. 그는 이스라엘이 과거에 지은 죄 때문에 하나님의 심판을 받아 예루살렘이 망한 것을 알았습니다. 그러기에 예루살렘이 복원되려면 죄를 고백하고 회개해야 한다는 사실도 알았습니다. 그는 이스라엘이 모세를 통해 이스라엘 백성들에게 주신 하나님의 계명과 율례와 규례를 어겼다는 사실을 고백합니다.

그런데 여기에서 정말 중요한 것은 느헤미야가 이 죄악 속에 자신과 자신의 가족들을 포함시키고 있다는 사실입니다. 사실 예루살렘이 망하고 포로민족이 된 것은 느헤미야의 죄와는 아무 상관이 없는, 순전히 조상들의 잘못 때문이라고 치부할 수도 있는 일이지요. 오히려 조상을 잘못 둔 덕분으로 숱한 고생을 했다며 조상들을 맹비난할 수도 있고, 모든 책임을 과거에 있었던 남의 탓으로 돌릴 수도 있습니다. 하지만 느헤미야는 자기와 자기의 집안까지도 죄를 지었다며 공동체적 책임감을 통감합니다.

좋지 않은 문제가 생겼을 때, 우리는 타인의 잘못을 지적하고 책임을 추궁하는 일은 잘 하지만 자기 역시 같은 죄를 지었다는 고백은 좀처럼 하지 않습니다. 그래서 잘된 것은 다 내 탓이고, 잘 안 된 것은 다 남의 탓이요, 조상 탓이라고 책임 전가를 합니다. 하지만 느헤미야는 누가 보더라도 자기의 잘못 때문이라고 할 수 없는 문제에 대해서조차 연대 책임을 통감하면서 자신과 자신의 가문이 잘못해서 국가적인 위기를 자초했다고 매서운 자기비판부터 먼저 합니다.

하나님의 약속을 신뢰하다

셋째로, 느헤미야의 기도는 하나님의 약속에 대한 신뢰로 이어집니다.

"옛적에 주께서 주의 종 모세에게 명령하여 이르시되 만일 너희가 범죄하면 내가 너희를 여러 나라 가운데에 흩을 것이요 만일 내게로 돌아와 내 계명을 지켜 행하면 너희 쫓긴 자가 하늘 끝에 있을지라도 내가 거기서부터 그들을 모아 내 이름을 두려고 택한 곳에 돌아오게 하리라 하신 말씀을 이제 청하건대 기억하옵소서 이들은 주께서 일찍이 큰 권능과 강한 손으로 구속하신 주의 종들이요 주의 백성이니이다."(8~10)

느헤미야는 이 부분에서 신명기 27~30장에 나타난 언약의 원리를 기억합니다. 다시 말해 에발 산의 저주와 그리심 산의 축복을 알고 기도합니다. 이스라엘이 하나님의 말씀에 순종하면 복을 받고, 불순종하면 저주를 받는다는 매우 단순한 원리지요. 만일 이스라엘이 죄를 지으면 하나님이 이스라엘을 앗시리아와 바벨론, 페르시아 등 여러 나라에 흩어 버리시지만, 다시 주님께로 돌아와 주님의 계명을 지키면 쫓겨난 이스라엘이 하늘 끝에 가 있을지라도 다시 예루살렘으로 돌아오게 하실 것이라는 약속을 믿고 기도합니다. 느헤미야는 아무 근거도 없이 허공을 치는 기도를 한 것이 아니라, 신실하신 하나님의 어김없는 약속의 말씀에 의지해서 기도합니다. 바로 이 약속에 대한 확신은 포로로 흩어진 이스라엘 백성들을 반드시 예루살렘으로 돌아가게 하실 것이라는 뜨거운 희망으로 불붙습니다.

존 번연 John Bunyan(1628~88)의 「천로역정」에 보면 '그리스도인'과 '소망'이 '절망'이라는 거인에게 잡혀 '의심의 성 지하실'에 던져집니다. 그리스도인과 소망의 사기는 땅에 떨어졌고, 하나님의 전능하심과 선하심에 대해서는 의혹만 늘어갑니다. 바로 그때 그리스도인이 갑자기 자신의 품 안에 '약속'이라는 열쇠가 있다는 사실을 깨닫습니다. 약속이라는 열쇠를 꺼내어 시험해 보니 그 열쇠는 의심의 성을 빠져나가는 통로의 모든 문을 열 수 있는 마스터키였습니다. 느헤미야 역시 예루살렘 성 복구 작업이라는 난제 앞에서 수많은 의혹이 꼬리에 꼬리를 물었을 것입니다. 하지만 하나님의 약속의 말씀을 확고히 붙들었을 때 이러한 의혹들로부터 빠져나올 수 있었습니다.

가장 필요한 한 가지를 간구하다

넷째로, 느헤미야의 기도는 가장 중요한 한 가지를 간구하고 있습니다. 그의 기도는 하나님의 전능하심과 선하심을 찬양하는 것으로 시작해서, 자신을 비롯한 모든 이스라엘 백성들의 집단적인 죄악에 대한 고백과 회개로 이어지고 있습니다. 그런 뒤 하나님의 약속의 말씀에 대한 신뢰를

피력함과 동시에 뜨거운 간구로 끝을 맺습니다.

"주여 구하오니 귀를 기울이사 종의 기도와 주의 이름을 경외하기를 기뻐하는 종들의 기도를 들으시고 오늘 종이 형통하여 이 사람들 앞에서 은혜를 입게 하옵소서 하였나니 그때에 내가 왕의 술 관원이 되었느니라."(11)

그동안 느헤미야가 드린 기도의 세 번째 부분까지는 막연하고 추상적이었지만, 네 번째 부분은 매우 구체적입니다. 기도의 결론부, 즉 느헤미야의 기도에서 핵심이자 절정이라 할 수 있는 이 간구에 오기까지 4분의 3 분량의 엄청난 기도를 드렸는데, 정작 그 결론부의 간구는 내용이 너무 간단하고 사소한 것처럼 느껴져서 놀라게 됩니다. "오늘 종이 형통하여 이 사람들 앞에서 은혜를 입게 하옵소서." 앞에서 나온 심오한 내용에 비하면 너무나 간단하고 소박한 간구이지요. 개역개정판 성경에는 "이 사람들"이라고 복수로 되어 있지만, 영어 성경과 새번역성경에는 "왕"이라고 3인칭 단수로 되어 있습니다. 두말할 필요도 없이 이 사람은 술 관원인 느헤미야가 모시는 아닥사스다 왕을 가리킵니다. 결국 느헤미야의 기도는 이 한 사람 아닥사스다 왕에게 자신이 자비를 입게 해 달라는 간구로 결론에 도달합니다.

어떤 사람은 느헤미야가 이토록 작은 요청을 하기 위해서 기도의 4분의 3정도 분량을 심오한 내용으로 채워 온 것에 대해 의아하게 생각하며, 이것은 마치 파리 한 마리를 잡기 위해서 엄청나게 큰 야구 방망이를 사용한 것과 마찬가지라고 비유합니다. 왕에게 자비를 입게 해 달라는 이 하나의 부탁을 하기 위해서 이토록 심오한 기도를 드려왔다니! 하지만 이것은 결코 작은 간구가 아닙니다. 어쩌면 하나님께서 가장 들어주시기 원하는 정곡을 찌르는, 단 하나의 간구라고 해도 과언이 아닙니다.

느헤미야가 예루살렘으로 돌아가고, 성벽 재건 사업에 착수하고, 대대적인 신앙 부흥 운동을 일으키는 것, 이 모두는 인간적으로 볼 때 아닥사스다 왕 한 사람에게 달려 있는 문제입니다. 왕이 허락하지 않으면 예루살렘으로 갈 수도 없고, 안전 문제도 보장받을 수 없으며, 필요한 물자나 자원도 지원받을 수 없습니다. 주변 국가와 정치적인 선린관계를 유지할 수도 없습니다. 그러므로 예루살렘 재건 운동이라는 프로젝트의 성패는 느헤미야가 아닥사스다 왕으로부터 은혜를 입느냐, 입지 못하느냐에 달려 있었습니다. 느헤미야는 이것을 뼛속 깊이 알았기에 아닥사스다 왕에게 자비를 입게 해 달라는 간구로 기도를 끝맺었던 것이지요.

우리는 때로 여러 가지 복잡하고 장황한 기도 제목을 갖고 주님께 나아가지만 주님은 딱 한 가지로 정리해서 응답하십니다. 그런데 나중에 알고 보면 바로 그 한 가지가 해결됨으로써 나머지 복잡한 문제들은 저절로 해결된 것을 알 수 있습니다. 이런 점에서 참된 기도는 내가 궁리해서 내 임의대로 드리는 것이 아니라, 하나님이 시작하셔서 하나님이 참으로 내게 바라시는 것에 대한 결정적인 응답으로 끝이 나야 한다고 볼 수 있습니다.

나폴레옹 Napoléon Bonaparte(1769~1821)은 최측근 장군들과 함께 높은 산에 올라가 전투 상황을 관망하는 습관이 있었다고 합니다. 승부에 대해서 동물적인 감각을 갖고 있던 나폴레옹이 한번은 곁에 있던 네이 장군에게 긴급 명령을 하달했습니다. "저기 강 위편 약간 언덕진 곳에 농장이 보이나? 어서 가서 저것을 점령한 뒤 지키게. 이를 위해 어떤 손실이 생겨도 나는 상관하지 않겠네. 어떤 대가를 치르더라도 반드시 저 농장을 차지하고 끝까지 사수하게." 나중에 전투가 끝난 뒤 돌아보니, 나폴레옹의 지시대로 그 작은 농장 하나를 점령한 것이 결정적인 승인이었다고 합니다.

승인이 그 작은 농장 하나를 점거하는 일이었던 것처럼 느헤미야 프로젝트가 성공하기 위해서는 아닥사스다 왕의 은혜를 입는 것, 이것 하나에 만사가 달려 있었습니다. 그러기에 느헤미야의 이 간구는 결코 간단하고 사소한 것이 아니고 그가 떠맡게 될 모든 사역의 성패를 여는 열쇠였다고 할 수 있습니다.

느헤미야는 이러한 형태의 기도를 밤낮으로 약 4개월 동안 드렸습니다. 이러한 집요한 기도가 하나님의 마음을 움직였고, 마침내 아닥사스다 왕의 마음까지도 움직였던 것입니다. 하늘 왕의 마음을 움직였더니 땅에 있는 왕의 마음까지 흔들렸던 거지요.

사람들의 마음을 움직이는 무릎의 영성

미국 33대 대통령 해리 트루먼Harry S. Truman(1884~1972)은 "지도자란 사람들이 하기 싫어하는 일을 하도록 만들 뿐만 아니라, 그 일을 좋아하도록 만드는 사람이다."라고 말했지만 사람이 하기 싫어하는 일을 하기 좋아하도록 만드는 것은 사람이 할 수 있는 일이 아닙니다. 중국 내지(內地) 선교의 아버지 허드슨 테일러James Hudson Taylor(戴德生, 1832~1905)가 그 비결을 알았습니다. "사람을 움직이는 것은 오직 기도함으로써 하나님을 통해서만 가능하다."

위대한 지도자 느헤미야는 무릎을 꿇고 기도함으로써 하나님의 뜻과 섭리를 헤아리기 전까지는 어떤 행동도 취하지 않았습니다. 앞으로 살펴보겠지만 느헤미야는 예루살렘 성벽 재건 공사를 기도로 시작해서, 기도로 진행시키고, 기도로 마무리 짓습니다. 그래서 그런지 느헤미야서 전편 역시 기도로 시작해서 기도로 끝납니다.

그리스도인 리더에게 인격 다음으로 중요한 덕목이 기도의 영성입니다.

"하나님 없이 하는 일은 무엇이든지 비참하게 실패할 수밖에 없고, 설령 성공하더라도 더욱더 비참해질 수밖에 없다."(조지 맥도널드[George MacDonald], 1824~1905)

느헤미야 2:1~10

아닥사스다 왕 제이십년 니산월에 왕 앞에 포도주가 있기로
내가 그 포도주를 왕에게 드렸는데 이전에는 내가 왕 앞에서 수심이 없었더니
왕이 내게 이르시되 네가 병이 없거늘 어찌하여 얼굴에 수심이 있느냐
이는 필연 네 마음에 근심이 있음이로다 하더라 그 때에 내가 크게 두려워하여
왕께 대답하되 왕은 만세수를 하옵소서 내 조상들의 묘실이 있는 성읍이
이제까지 황폐하고 성문이 불탔사오니 내가 어찌 얼굴에 수심이 없사오리이까 하니
왕이 내게 이르시되 그러면 네가 무엇을 원하느냐 하시기로 내가 곧 하늘의 하나님께 묵도하고
왕에게 아뢰되 왕이 만일 좋게 여기시고 종이 왕의 목전에서 은혜를 얻었사오면
나를 유다 땅 나의 조상들의 묘실이 있는 성읍에 보내어 그 성을 건축하게 하옵소서 하였는데
그 때에 왕후도 왕 곁에 앉아 있었더라 왕이 내게 이르시되 네가 몇 날에 다녀올 길이며
어느 때에 돌아오겠느냐 하고 왕이 나를 보내기를 좋게 여기시기로 내가 기한을 정하고
내가 또 왕에게 아뢰되 왕이 만일 좋게 여기시거든 강 서쪽 총독들에게 내리시는 조서를
내게 주사 그들이 나를 용납하여 유다에 들어가기까지 통과하게 하시고
또 왕의 삼림 감독 아삽에게 조서를 내리사 그가 성전에 속한 영문의 문과 성곽과 내가 들어갈
집을 위하여 들보로 쓸 재목을 내게 주게 하옵소서 하매 내 하나님의 선한 손이 나를 도우시므로
왕이 허락하고 군대 장관과 마병을 보내어 나와 함께 하게 하시기로
내가 강 서쪽에 있는 총독들에게 이르러 왕의 조서를 전하였더니
호론 사람 산발랏과 종이었던 암몬 사람 도비야가
이스라엘 자손을 흥왕하게 하려는 사람이 왔다 함을 듣고 심히 근심하더라

chapter 03

지혜와 진실이 만났을 때

느헤미야 2:1~10

때가 오다

예루살렘에 대한 비보를 접한 느헤미야는 넉 달 동안 오로지 기도에만 전념했습니다. 물론 임금에게 술을 바치는 본연의 임무는 빈틈없이 수행했겠지만 그의 마음은 온통 예루살렘에 쏠려 있었을 것입니다. 기도하는 중에 느헤미야는 예루살렘 재건 프로젝트라는 원대한 비전을 품게 되었고 구체적인 계획도 세웠을 것입니다. 이제 중요한 것은 타이밍입니다. 밤낮으로 기도에 힘쓰면서 아닥사스다 왕의 윤허(允許)를 받아 예루살렘으로 갈 기회를 엿보았습니다. 먼저 하늘의 왕에게 자신의 비전을 아뢴 채, 땅의 왕의 허락을 받아낼 적시(適時)를 기다리고 또 기다렸습니다. 드디어 하늘의 왕으로부터 사인이 오자 땅의 왕에게 나아가 자신의 비전을 밀고 나갈 첫발을 내딛습니다.

　지도자에게 중요한 덕목이 기다림의 인내입니다. 기다리는 시간에 아

🏛 **이스라엘의 월력**

민간력	종교력	바벨론식 이름	태양력
제1월	제7월	디스리월(에다님월)	9~10월
제2월	제8월	말케스반월(불월)	10~11월
제3월	제9월	기슬르월	11~12월
제4월	제10월	데벳월	12~1월
제5월	제11월	스밧월	1~2월
제6월	제12월	아달월	2~3월
제7월	제1월	니산월(아빕월)	3~4월
제8월	제2월	이야르월(시브월)	4~5월
제9월	제3월	시완월	5~6월
제10월	제4월	담무스월	6~7월
제11월	제5월	압월	7~8월
제12월	제6월	엘룰월	8~9월

무엇도 안 한다면 그건 결코 기다림이 아닙니다. 비전을 더욱더 날카롭게 가다듬고 그 비전을 이룰 수 있는 구체적인 전략을 세우는 기간이지요. 예수님이 부활하고 승천하신 뒤 제자들은 가장 먼저 기다리는 일부터 했습니다. 주님의 약속을 믿고 무작정 기다렸습니다. 충분한 기다림이 있은 연후에 초대교회가 요원의 불길처럼 일어났습니다. 가장 오랫동안 엎드린 새가 가장 높이 나는 법입니다. 느헤미야의 리더십은 어느 날 갑자기 생겨난 것이 아니라 기다림의 인내 속에서 치밀한 준비가 빚어낸 열매였습니다.

느헤미야에게 드디어 기회가 왔습니다. 아닥사스다(BC 464~423)가

왕위에 오른 지 20년째 되던 해 니산월이었습니다. 왜 하필이면 재위 20년 니산월이었을까요? 당연히 하나님의 선하신 손이 도우신 결과겠지요(8). 하지만 예리한 판단력과 치밀하게 기도로 준비한 느헤미야가 특별히 이날을 선택한 것은 다 그만한 이유가 있었을 것입니다. 먼저 재위 20주년이라는 해가 기념할 만한 경사스러운 해일 것이고, 페르시아의 월력으로 니산월은 새해가 시작되는 정월이었습니다. 이 시기에는 '툭타'(tukta)라는 특별 연회(宴會)가 열리면서, 마치 우리나라의 광복절 특사와 유사하게 왕이 신하들의 요청을 들어주는 관례가 있었다고 합니다. 그러기에 느헤미야는 포도주를 진상하며 이 특별한 시간을 의도적으로 선택했던 것입니다.

지도자에게 중요한 것이 정확한 타이밍을 포착하는 능력입니다. 나아갈 때와 물러날 때, 준비하며 기다릴 때와 과감하게 행동할 때를 바로 아는 것, 지도력에서 참으로 중요합니다. 고대 헬라의 문화재 가운데 한 남자의 모습을 담고 있는 조상(彫像)이 있습니다. 두 발에는 날개가 달려 있고 앞머리에는 머리털이 있지만 뒷머리에는 머리털이 없습니다. 기회(kairos)를 상징하는 조각품이지요. 발에 날개가 달린 이유는 기회가 잽싸게 다른 곳으로 날아갈 수 있기 때문입니다. 앞머리의 긴 머리털은 기회가 지나가기 전에 빨리 잡으라는 뜻이고, 뒷머리가 대머리인 이유는 기회가 지나간 후에는 그 누구도 잡을 수 없기 때문입니다.

지혜와 정직으로 말하니

왕에게 술을 따라 드리는데 느헤미야의 안색이 안 좋아 보였습니다. "아닥사스다 왕 제 이십년 니산월에 왕 앞에 포도주가 있기로 내가 그 포도주를 왕에게 드렸는데 이전에는 내가 왕 앞에서 수심이 없었더니."(1) 여기에서 분명히 그 이전에는 수심이 없었다고 했습니다. 그러므로 넉 달 동안이나 슬픔에 잠겨 금식기도를 해 온 결과, 급격한 체력 소모로 안색이 안 좋아졌다는 해석은 옳지 않습니다.

술 맡은 관원뿐만 아니라 모든 신하들에게 표정 관리는 너무나 중요합니다. 나는 새도 떨어뜨릴 수 있는, 절대 권세를 휘두르는 왕 앞에 자신의 기분을 있는 그대로 노출하는 것은 위험천만한 일입니다. 하물며 우울한 표정을 짓는다는 것은 있을 수 없는 일이지요. 왕의 존전에서는 자신의 감정을 깊이 숨긴 채 언제나 밝은 표정만 지어야 합니다. 특히 술 맡은 관원은 독주를 바쳐서 왕을 암살할 가능성이 있기 때문에 표정 관리에 각별한 주의를 해야만 합니다. 조금이라도 표정이 수상하다 싶으면 왕의 의심을 사서 즉결 처형까지 당할 수 있었으므로 늘 명랑한 표정만 지어야 합니다. 바로 이런 이유로 안색에 대한 질문을 받은 느헤미야가 "크게 두려워한 것"(2)은 당연한 일이지요. 여기에 죽음을 무릅쓰는 불굴의 지도자 느헤미야의 담력이 있습니다.

그렇다면 평소와 달리 이날 느헤미야가 자신의 안색을 어둡게 한 것은 다분히 의도된 연출이라고 봐야 합니다. 게다가 이날에는 왕후도 왕과 함께 있었습니다(6). 페르시아 왕궁에서는 왕비가 공식석상에 등장하는 경우가 매우 드물었다고 합니다. 아무래도 왕후가 동석한 자리는 그만큼 화기애애한 상황이었을 것입니다. 그렇다면 왕후가 느헤미야의 예루살렘 귀환에 모종의 역할을 했을지도 모를 일입니다. 어쨌든 간에 느헤미야는 오랫동안 심중에 품고 기도해 온 소원을 왕에게 아뢰기에 이보다 더 좋은 기회가 없음을 알고, 잽싸게 그 기회를 포착했던 것이지요.

왕이 묻습니다. "안색이 좋지 않구나. 아픈 것 같지는 않은데, 무슨 걱정거리라도 있느냐?"(2) 느헤미야는 이 순간을 기다려 왔습니다. 까닭에 즉흥적으로 튀어나온 말이 아니라 장장 넉 달 동안을 기도하며 준비해 온 대답을 던집니다. "왕은 만세수를 하옵소서 내 조상들의 묘실이 있는 성읍이 이제까지 황폐하고 성문이 불탔사오니 내가 어찌 얼굴에 수심이 없사오리이까."(3)

여기 느헤미야의 대답에는 어떤 술수나 기만도 없습니다. 중심에서부터 우러나온 솔직한 대답입니다. 포로 4세로서 페르시아의 고위관직에 오른 것부터가 왕의 남다른 신임을 받고 있기 때문일 터인데, 대답 역시 평소의 정직한 모습 그대로 하나의 거짓이나 숨김도 찾아볼 수가 없습니다.

지도자에게 정직은 참으로 중요한 덕목입니다. 그런데 정직한 것과 순진한 것은 다릅니다. '정직'에는 지혜가 가미되지만, '순진'에는 지혜가 결여되어 있으므로 일을 그르칠 수가 있습니다. 느헤미야는 진솔하게 표정이 어두운 이유를 말하되 지혜롭게 말했습니다. 단도직입적으로 예루살렘에 보내 달라는 정치적인 부탁부터 먼저 하지 않고, 개인의 소회를 털어놓되 조상들의 묘실 이야기부터 먼저 끄집어냅니다. 조상들의 유해가 묻혀 있는 예루살렘 성읍이 폐허가 되었고 성문들이 모두 불탔다는 소식을 듣고 울적한 심사가 되었다는 사실부터 털어놓았습니다.

조선시대에도 왕실은 왕권을 유지하기 위해서 유독 종묘(宗廟)를 중시했습니다. 역대 왕들과 왕비들의 신주를 모셔 놓은 사당이 종묘이지요. 왕실은 언제나 조상들의 묘역을 중시하는 경향이 있습니다. 하물며 고대 근동 지역에 널리 퍼져 있던 조상 숭배 풍습으로 인하여 아닥사스다 왕 자신도 틀림없이 선왕들이 잠든 묘지를 소중하게 여겼을 것입니다. 그러므로 느헤미야가 단지 예루살렘의 폐허만 언급하지 않고 조상들의 묘역을 돌봐야 할 후손으로서의 책임감을 끌고 들어간 것은 왕의 동정심과 흥미를 유발시키기 위한 심리 전술이었다고 봐야 할 것입니다. 하지만 어디까지나 이러한 지혜가 진실과 결합되었을 때 왕의 마음이 녹아졌음을 잊지 말아야 합니다.

계획과 준비가 빛을 발하다

이렇게 해서 아닥사스다 왕은 느헤미야의 개인적 문제에 대해 진지한 관심을 갖기 시작합니다. "네가 무엇을 원하느냐?" 이 방에서 나가라고 고함을 지른다든지 큰 벌을 내릴 수도 있는데, 간절히 불타는 소원을 말해 보라니, 마침내 느헤미야의 기도가 응답되는 순간입니다.

여기서 놓쳐서는 안 될 중요한 사실이 있습니다. 아닥사스다 왕은 과거에 에스라를 중심으로 전개되었던 예루살렘 재건 작업을 중단시킨 장본인입니다(에 4:7~23). 자기 입으로 중단시켰던 작업을 스스로 번복한다는 것은 거의 불가능에 가까운 일이지요. 하지만 이제 왕의 마음이 변했습니다. "왕의 마음이 여호와의 손에 있음이 마치 봇물과 같아서 그가 임의로 인도하시느니라."(잠 21:1) 농부가 자기 맘대로 관개수로의 물줄기를 이리저리 흘러가도록 만들듯이 하늘의 왕 하나님께서 물이 흐르듯 땅의 왕 아닥사스다의 마음을 주장하시는 것을 전율이 오도록 체험하는 순간이지요!

그런데 참 놀랍게도 바로 이 순간 느헤미야는 하늘의 하나님께 묵도를 올립니다(4). 왕이 자신의 소원을 들어줄 태세를 갖추자 순간적으로 짧은 침묵기도를 드렸다는 것이지요. 기도가 버릇처럼 몸에 배어 있었기에 하나님께 감사하는 동시에 자신의 소원을 조리 있게 말하게 해 달라고 기도했을 것입니다. 두말할 필요도 없이 느헤미야의 소원은 예루살렘으로 가는 것입니다. "왕에게 아뢰되 왕이 만일 좋게 여기시고 종이 왕의 목전에서 은혜를 얻었사오면 나를 유다 땅 나의 조상들의 묘실이 있는 성읍에 보내어 그 성을 건축하게 하옵소서."(5)

느헤미야의 요청을 들은 왕은 기한이 얼마나 걸릴지, 언제쯤 돌아올 것인지에 대해서 묻습니다. 아주 떠나는 것이 아니고 일시적인 책임 업무의 변경으로 생각했기에 던진 질문이지요. 느헤미야는 이제 왕이 자신의 예루살렘에로의 이임을 허락할 것이라는 확신을 갖고 마음속으로 준비해 놓은 기간을 말합니다. 하지만 여기에서 끝난 것이 아닙니다. 자신의 소원이 이루어졌다는 흥분에 휩싸이지 않고 평소 치밀하게 준비해 온 구체적인 계획을 거침없이 말합니다.

"내가 또 왕에게 아뢰되 왕이 만일 좋게 여기시거든 강 서쪽 총독들에게 내리시는 조서를 내게 주사 그들이 나를 용납하여 유다에 들어가기까지 통과하게 하시고 또 왕의 삼림 감독 아삽에게 조서를 내리사 그가 성전에 속한 영문의 문과 성곽과 내가 들어갈 집을 위하여 들보로 쓸 재목을 내게 주게 하옵소서 하매 내 하나님의 선한 손이 나를 도우시므로 왕이 허락하고."(7~8)

느헤미야는 두 가지 세부적인 요구를 합니다. 첫째, 왕의 공식적인 조서를 요청합니다. 이 조서는 왕의 서명이 들어간 친필로서 입국사증이 찍힌 여권과 같은 구실을 했을 것입니다. 유프라테스 강 서쪽에는 예루살렘 재건 운동을 방해하는 페르시아 제국의 속주들을 치리하는 총독들이 두루 포진해 있습니다. 만에 하나 이러한 공식조서 없이 국경을 통과하다가는 유다의 원수인 이들 총독들로부터 어떤 테러를 당할지 알 수가 없습니다. 수산 궁에서 예루살렘까지의 거리는 약 1,500킬로미터로 석 달 정도가 걸리는 먼 여행길이었기에 왕의 조서야말로 느헤미야 일행의 안전을 보증해 줄 최고의 보장책인 셈입니다. 부탁을 들은 왕은 단지 조서뿐만 아니라 군대 장관과 마병, 즉 군사적인 호위병까지 붙여 주면서 느헤미야의 안전에 각별한 신경을 써주었습니다.(9)

여기에서 우리는 평신도 관료인 느헤미야가 성직자인 에스라와 사뭇 다른 모습을 볼 수 있습니다. 에스라는 예루살렘으로 돌아갈 때 혹시 믿음이 없다는 말을 듣기 싫어서 자기 일행을 보호해 줄 호위군대에 대한 요청을 하지 않았습니다(에 8:22~23). 하지만 느헤미야는 믿음이 좋은 동시에 매우 현실적인 사람이었습니다. 이것은 아마도 그가 권위를 존중하는 풍토의 행정 관료로 봉직하는 가운데 절로 몸에 밴 습관에서 나온 행위였을 것입니다.

중요한 것은 좋은 지도력이란 권위를 가진 상사에게 먼저 순복하는 자세로부터 나온다는 사실입니다. 권위를 따르지 않는 이는 권위를 행사할 수도 없습니다.

둘째, 느헤미야는 오늘로 치면 산림청장과 같은 역할을 했던 삼림감독 아삽에게 조서를 내려 목재를 제공해 달라는 요청도 겸해서 합니다. 황무지가 된 예루살렘에서는 목재를 구하기 어려웠으므로 '성전에 속한 영문의 문'과 '성곽 공사의 망대와 성문', 그리고 자신이 살 '집'을 위해 필요한 목재를 요청한 것입니다. 자신이 거처할 집을 언급한 것을 볼 때 느헤미야가 얼마나 현실적인 인물인가를 다시 한 번 알 수 있습니다. 유다 총독으로서 거처할 집도 없이 성곽 축조 공사를 할 수는 없는 노릇입니다. 프로젝트가 아무리 선한 것이라고 할지라도 왕의 허락 없이 이루어질 수 없었기에 왕의 옥새가 찍힌 목재 공급 신청서를 직접 써 달라는 현실적인 부탁을 하고 있습니다.

그는 예루살렘 성벽 재건 공사를 위해서 필요한 것이 무엇인지 속속들이 알고 있었습니다. 목재를 지원해 줄 왕실의 산림청장 아삽의 이름까지 알고 있을 정도입니다. 적절한 타이밍과 적절한 조치, 즉 행정적인 배려와 군사적인 협조사항, 그리고 필요한 자원이 무엇인지 알았습니다. 이 모든 것이 기도로 준비한 계획성에서 비롯되었습니다. 하나님이 느헤미야의 예리하고도 신중한 성품을 이용해서 준비시킨 비전과 계획이 찬란한 빛을 발하게 된 것이지요. 이런 이유로 왕이 자신의 모든 소원을 들어준 것이 하나님의 선하신 손길이 자신을 보살펴 주신 은혜 때문이라고 고백합니다(8). 실로 기도의 놀라운 능력을 체감한 것이지요!

인내, 정직, 준비성

본문에서 드러난 느헤미야의 덕성은 세 가지입니다. 첫째, 적절한 시간과 장소를 기다리는 인내심이 돋보입니다. 이 기다림의 시간은 전적으로 기도로 채워졌습니다. 기도하며 품은 비전은 정확히 하나님의 뜻과 일치했습니다. 아무리 기도를 많이 하고 아무리 잘 참고 기다린다고 할지라도, 기도의 비전이 하나님의 뜻과 무관하다면 아무런 소용이 없습니다. 하지만 우리의 비전이 하나님의 뜻과 일치한다면 오랫동안 기도로 준비하며 기다리는 시간이야말로 비길 데 없이 소중합니다.

둘째, 느헤미야는 정직합니다. 왕에게 술수나 위선을 부리지 않았습니다. 일상적인 업무를 수행할 때부터 워낙 신실한 사람이었으므로 왕의 절대적인 신임을 받지 않으면 맡을 수 없는 술 관원이 되었겠지요. 그러기에 느헤미야가 느닷없이 이날 정직해졌다고 해서 왕이 순간적으로 믿은 것이 아닙니다. 정직이 인격의 한 부분이요, 기질이었기에 이날도 역시 늘 그랬듯이 자연스레 믿게 된 것뿐입니다. 지도자의 정직은 중요한 자산이지만 세상 물정을 모르는 순진과는 다릅니다. 느헤미야의 정직은 꼭 해야 할 말과 해서는 안 될 말, 어떤 시점에 어떤 말을 어떻게 끌고 가야 할지를 정확히 아는 지혜의 안내를 받는 정직이었습니다. 지혜와 진실이 만났을 때 아닥사스다 왕의 마음이 움직였던 것이지요. 사람의 마음을 움직이기 위해서는 지혜와 결합된 진실보다 더 중요한 것이 없습니다.

셋째, 느헤미야의 치밀한 계획과 준비가 돋보입니다. 왕에게 요청한 것은 두 가지입니다. 예루살렘으로 보내 달라는 것과 필요한 것을 제공해 달라는 것이지요. 한때 예루살렘 재건 공사를 전면적으로 중단시킨 조서를 내린 적이 있는 아닥사스다 왕이 이 시책을 변개한다는 것은 거의 기적에 가까운 일입니다. 하지만 느헤미야의 빈틈없는 계획성으로 인해 불가능한 일이 현실이 되었습니다. 일의 성패는 계획과 준비에 달려 있습니다. 준비한 만큼 결실이 있습니다.

앞으로 느헤미야서를 읽을 때마다 잊어서는 안 될 진실이 있습니다. 느헤미야가 불가능한 일을 가능케 만든 것은 느헤미야의 기도와 실천을 통해서 하나님께서 이루신 결과라는 진실입니다. 느헤미야서가 특히 지식인들에게 어필하는 것은 어떤 초자연적 기적이나 신비한 예언 등이 거의 나오지 않기 때문입니다. 말 그대로 예루살렘 총독의 회고록일 뿐입니다. 과거에 있었던 일을 놀랄 만큼 담담하게 기술하고 있지요. 하지만 기적이나 예언이 없다고 해서 결코 세속적이고 무신론적인 책은 아닙니다. 오히려 준비된 지도자 느헤미야를 통해서 하나님께서 이루신 신적인 리더십의 교과서가 바로 느헤미야서입니다. 그것은 이스라엘의 생생한 현실과 역사 속에 나타나 있습니다. 정약용이 「목민심서」(牧民心書)를 썼다면, 느헤미야는 「목민신서」(牧民神書) 혹은 「목민행서」(牧民行書)를 썼던 것입니다.

🏛 분열왕국 ~ 느헤미야

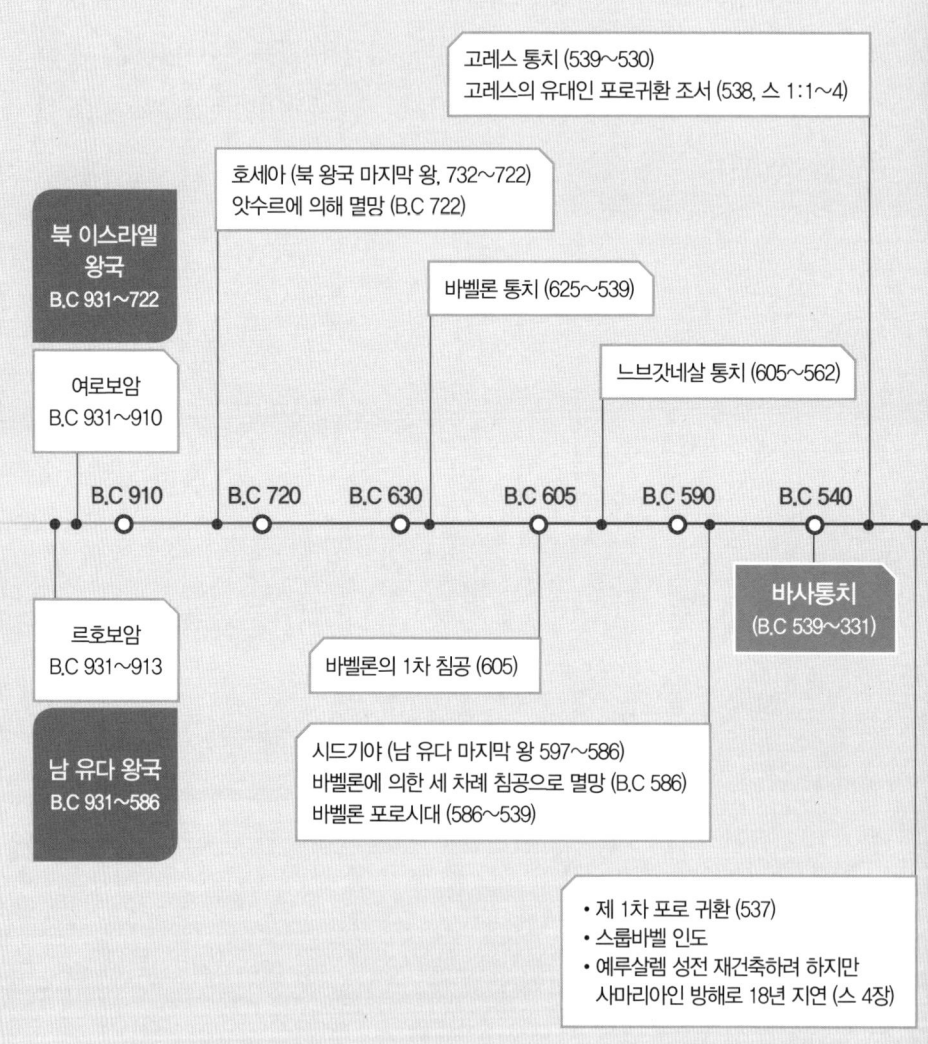

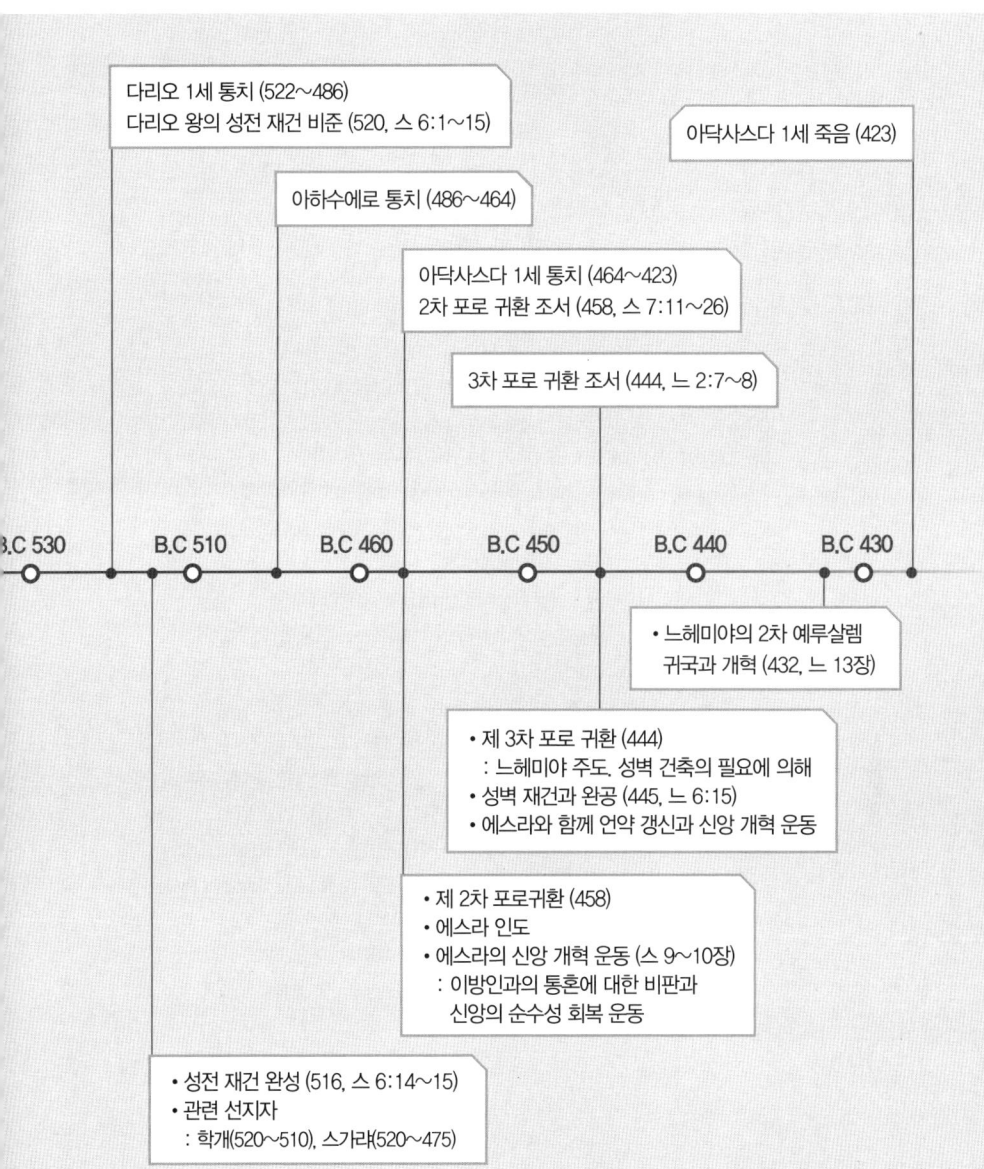

느헤미야 2:11~20

내가 예루살렘에 이르러 머무른 지 사흘 만에
내 하나님께서 예루살렘을 위해 무엇을 할 것인지
내 마음에 주신 것을 내가 아무에게도 말하지 아니하고
밤에 일어나 몇몇 사람과 함께 나갈새 내가 탄 짐승 외에는 다른 짐승이 없더라
그 밤에 골짜기 문으로 나가서 용정으로 분문에 이르는 동안에 보니
예루살렘 성벽이 다 무너졌고 성문은 불탔더라
앞으로 나아가 샘문과 왕의 못에 이르러서는 탄 짐승이 지나갈 곳이 없는지라
그 밤에 시내를 따라 올라가서 성벽을 살펴본 후에 돌아서 골짜기 문으로 들어와 돌아왔으나
방백들은 내가 어디 갔었으며 무엇을 하였는지 알지 못하였고
나도 그 일을 유다 사람들에게나 제사장들에게나 귀족들에게나 방백들에게나
그 외에 일하는 자들에게 알리지 아니하다가
후에 그들에게 이르기를 우리가 당한 곤경은 너희도 보고 있는 바라
예루살렘이 황폐하고 성문이 불탔으니 자, 예루살렘 성을 건축하여 다시 수치를 당하지 말자 하고
또 그들에게 하나님의 선한 손이 나를 도우신 일과 왕이 내게 이른 말씀을 전하였더니
그들의 말이 일어나 건축하자 하고 모두 힘을 내어 이 선한 일을 하려 하매
호론 사람 산발랏과 종이었던 암몬 사람 도비야와 아라비아 사람 게셈이 이 말을 듣고 우리를 업신여기고
우리를 비웃어 이르되 너희가 하는 일이 무엇이냐 너희가 왕을 배반하고자 하느냐 하기로
내가 그들에게 대답하여 이르되 하늘의 하나님이 우리를 형통하게 하시리니
그의 종들인 우리가 일어나 건축하려니와 오직 너희에게는 예루살렘에서
아무 기업도 없고 권리도 없고 기억되는 바도 없다 하였느니라

chapter 04

야간 순행
느헤미야 2:11~20

잘 쉴 줄 아는 지도자

마침내 느헤미야가 예루살렘에 도착했습니다. 석 달 가까이 여행을 했으니 얼마나 피곤했겠습니까. 오로지 예루살렘을 재건해야겠다는 각오 하나로 왔으니 마음이 급했겠지요. 당장 내일이라도 현장에 나가서 상황을 파악하고 성벽 공사를 시작하고 싶은 마음이 굴뚝같았을 것입니다. 하지만 그는 매우 신중했습니다. 그는 쉬는 일부터 먼저 합니다.(11)

어떤 이는 예루살렘에 도착한 에스라 역시 사흘을 쉬었다는 사실에서(에 8:32), 느헤미야 역시 안식일이 끼어 있었기에 어쩔 수 없이 사흘을 쉬었을 것이라고 생각합니다. 만일 이것이 사실이라면 이 기간 동안 느헤미야는 자신을 정결하게 한 시간이라고 볼 수 있겠지요. 또 어떤 이는 느헤미야가 이 사흘 동안 마지막 계획을 구상했을 것이라고 봅니다. 아니면 조용히 기도에 힘쓰면서 때를 기다렸을 수도 있지요. 전부 다 그럴듯한 가설이지만, 한 가지만은 확실합니다. 무조건 사흘을 쉬었다는 사실입니다. 말을 타고 여행을 했다고 할지라도 분명히 피곤에 지쳐 있었을 것이기에 그는 쉬는 시간이 필요했습니다.

하나님도 우주만물을 창조하신 후에는 쉬셨습니다(창 2:3). 십계명 중에 하나님이 몸소 본을 보여 주신 유일한 계명이 안식일 계명입니다(출 20:8~11). 2천 년 동안 나라를 잃고 전 세계에 흩어져 살던 디아스포라 유대인들이 끝까지 민족적 정체성을 잃지 않았던 비결은 안식일 엄수에 있었습니다. 유대인이 안식일을 지킨 것이 아니라 안식일이 유대인을 지켜주었던 것이지요.

지도자는 격무에 시달린 나머지 쉽게 탈진 상태에 빠질 수 있습니다. 그러기에 지도자가 때로 취할 수 있는 최고의 지도력은 잠자는 것입니다. 이세벨에게 쫓겨 도망치던 엘리야는 극도의 피로감에 지쳐 로뎀나무 아래에서 차라리 죽기를 간청했습니다(왕상 19:4). 이런 엘리야에게 필요한 것은 달콤한 잠과 음식과 물, 그리고 천사의 위로였습니다. 산더미 같은 일에 파묻혀 시도 때도 없이 인파에 시달렸던 예수님도 주기적으로 '쉼의 시간'을 가지셨습니다(마 14:13; 막 6:31~32). 잘 쉴 줄 아는 지도자가 좋은 지도자입니다.

야간 시찰

어느 정도 피로를 푼 느헤미야가 가장 먼저 착수한 일은 객관적인 정보를 얻는 일이었습니다. 그동안 예루살렘의 형편에 대해서 충분한 정보를 얻었다고는 하나 이것은 어디까지나 제3자를 통해 얻은 간접적인 정보였습니다. 이제 성벽 재건 작업에 뛰어들기 전에 보다 정밀한 사전 조사가 필

🏛 **유다 백성의 귀환 경로**

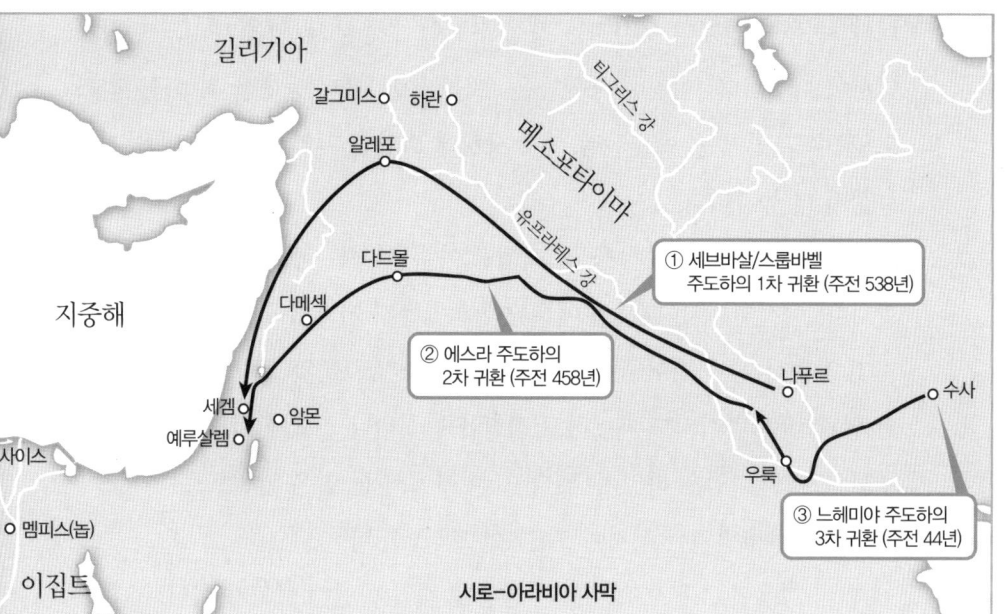

바벨론에 유배됐던 유다인들은 세 차례에 걸쳐서 예루살렘에 귀환했다. 처음에는 세스바살과 스룹바벨이 주도했고, 2차는 학사 에스라, 3차는 느헤미야의 주도하에 단계적으로 진행됐다.

요했습니다. 예루살렘 성의 참상을 자기 두 눈으로 직접 목격하고자 했습니다. 그래야만 정확한 판단을 내릴 수 있기 때문입니다. 좋은 지도자는 현실에 대한 정확무오한 정보를 얻은 뒤, 그 정보를 기초로 하여 구체적인 전략을 세우고 과감하게 실천에 옮깁니다. "사연을 듣기 전에 대답하는 자는 미련하여 욕을 당하느니라."(잠 18:13)

느헤미야는 다른 사람을 시켜 조사를 하도록 지시할 수 있었습니다. 아니면 대낮에 참모들과 함께 시찰에 나설 수도 있었습니다. 하지만 그는 한밤중에 수행원 몇 사람만 대동한 채 직접 순찰에 나섭니다(12). 어쩌면 느헤미야의 회고록 중에서 가장 극적인 부분이 이 달빛 야간 순찰일 것입니다. 은은한 달빛이 부서지는 자정 무렵에 수행원 몇 명을 데리고 현장 답사에 나섭니다. 여기 수행원들은 수산 궁에서부터 동행한 최측근이라고 볼 수도 있지만, 예루살렘 현지 사정에 밝았던 지역 주민들이었을 가능성이 더 높습니다.

느헤미야는 야간 순찰을 돌 때에도 아주 신중하게, 그리고 비밀리에 합니다. 자신이 무엇 때문에 예루살렘에 왔는지 어느 누구에게도 발설하지 않았습니다. 심지어 부스럭거리는 소음까지도 줄일 요량으로 자기가 탄 말 외에는 말까지도 제어하고 시찰을 나섭니다. 소름끼치도록 신중한 행보이지요! 직업은 속일 수 없다고, 여기에서 술 맡은 관원으로서의 느헤미야의 주도면밀한 성격이 또 한 번 드러납니다.

먼저 그동안 소문으로만 듣던 현장을 직접 확인해 보고자 합니다. 확인이 되지 않고서는 행동에 나서지 않겠다는 것이지요. 잔뜩 벼르고 있는 원수들에게도 허점을 보이지 않으려고 합니다. 느헤미야가 예루살렘에 총독으로 부임한다는 소식에 바짝 긴장하는 세 사람이 있었습니다(2:10, 19). 호론 사람 산발랏과 그의 참모 노릇을 하던 암몬 사람 도비야, 그리고 아라비아 사람 게셈(혹은 가스무, 6:6)입니다. 이 세 사람은 느헤미야의 주적(主敵)들로서 두고두고 그를 괴롭히며 온갖 수단을 동원해 성벽 재건 사업을 방해한 인물들입니다.

이들은 예루살렘에 살던 유다인들과 결탁하여 온갖 특혜와 이권을 누리던 사람들이었기에 느헤미야의 출몰에 극도로 예민한 반응을 보입니다. 느헤미야가 공개적인 행보를 하지 않고 비밀리에 야간 시찰을 감행한 결정적인 이유는 자신의 계획이 원수들에게 사전 누출되는 것을 막기 위해서였을 것입니다. 혹시 유다인 내부에도 이들과 연결된 내통자들이 있음을 직감하고 몇 명의 최측근만 데리고 홀로 말을 타고 순찰한 것입니다. 호랑이를 잡기 위해서 발자국 소리를 죽여야만 했던 것이지요.

이렇게 해서 느헤미야는 예루살렘 성 서쪽에서 남쪽으로, 다시 동쪽으로 움직이면서 주로 남쪽 지역을 집중적으로 살펴봅니다. 북쪽 성벽은 완전히 파괴되었으므로 둘러볼 필요조차 없었습니다. 골짜기 문에서 용정(龍井), 즉 용우물을 지나 분문(糞門), 즉 거름문에 이르게 되고, 더 나아가 샘문과 왕의 못에 이르렀다가 더 이상 나아갈 길이 없어서 타고 있던 짐승에서 내려 도보로 탐사를 계속했습니다(13~15). 북쪽으로 더 올라가고자 했지만 붕괴된 성벽으로 길이 막히자 출발지인 골짜기 문으로 되돌아옵니다.

하룻밤 순찰을 해서 모든 정보를 일거에 얻을 수는 없었지만 꼭 필요한 정보를 직접 수집했다는 사실이 큰 수확이었을 것입니다. 직접 파악한 현장은 소문에 듣던 대로였습니다. 성벽은 다 허물어지고, 문들도 다 불에 탄 채로 버려져 있었습니다(13). 전파(全破)된 상태였습니다.

다시 한 번 강조하지만 느헤미야는 자신의 야간 순찰을 그 누구에게도 말하지 않았습니다. "방백들은 내가 어디 갔었으며 무엇을 하였는지 알지 못하였고 나도 그 일을 유다 사람들에게나 제사장들에게나 귀족들에게나 방백들에게나 그 외에 일하는 자들에게 알리지 아니하다가."(16) 혹시 산발랏이나 도비야, 게셈 일당과 내통하는 유다인들이 있을 것이라는 직감에서 자신의 야간 탐사를 철저히 함구에 부쳤던 것입니다.

좋은 지도자는 적절한 때가 오기 전까지 경거망동을 해서는 안 됩니다. 지도자는 때로 남들이 잠 잘 때 깨어 있어야 하고, 남들이 깨어 있을 때 자야 할 때가 있습니다. 무엇보다 좋은 지도자는 계획을 세울 때와 말해야 할 때, 행동으로 나설 때를 정확히 변별해 내는 사람입니다. 느헤미야야말로 자신의 비전과 계획을 심중에 꽁꽁 감추어 둘 때와 과감히 일어나 선동할 때를 잘 알았던 지도자였습니다.

잠자는 애국혼을 깨우다

느헤미야가 파악한 예루살렘 성의 문제는 한두 가지가 아니었습니다. 첫째, 성 전체가 훼파되었기에 성벽을 다시 쌓는 일은 거의 불가능해 보였습니다. 둘째, 충분히 예견되는 산발랏과 도비야, 게셈 일당의 집요한 방해 공작이 기다리고 있었습니다. 이들 원수들에게는 예루살렘이 망해야지만 이득이 옵니다. 그래야만 정치적·경제적·군사적 기득권을 유지할 수 있습니다. 그러니 그들이 온갖 방법을 동원해서 성벽 재건 작업을 막으려고 할 것은 불을 보듯 뻔한 일이었습니다. 셋째, 예루살렘에 돌아온 유다 귀환민들은 깊은 패배의식에 젖어 있었습니다. 사실 대적자들의 외적인 방해 보다 훨씬 더 큰 장애물이 이 내부의 사기 문제였습니다.

매천(梅泉) 황현黃玹(1855~1910) 선생은 「매천야록」(梅泉野錄)에서 유명한 말을 남겼습니다. "국가는 필시 스스로 자기를 해친 연후에 남이 치고 들어온다."(國必自伐以後人伐之) 외부의 적이 공격해 오기 이전에 스스로의 집안싸움 때문에 나라가 망한다는 말이지요. 구한말 무능한 정부 아래 사색당파 싸움을 일삼다가 조선이 서서히 망해 가는 현실을 목도하면서 했던 말입니다.

그런데 지금 예루살렘의 형편도 꼭 그와 같았습니다. 유다인들도 스스로 패배감에 사로잡혀 있습니다. 예루살렘 사람들은 느헤미야가 예루살렘에 부임해 오기 13년 전에 성벽 재건 작업을 시도하다가 호되게 된서리를 맞은 적이 있었습니다. 다름 아닌 느헤미야를 이곳에 보낸 아닥사스다 왕이 조서를 내려 이 토목 공사를 무력으로 중단시켰던 것입니다. 그때 이 공사에 뛰어들었던 유다인들 중에 상당수가 목숨을 잃었고 성벽은 또다시 무너져 초토화되었습니다. 이 일이 있은 후에 유다인들은 큰 환난과 능욕을 당했습니다.

이런 상태에 있던 예루살렘 거민들에게 성벽 재건 작업을 또 하자고 설득하는 것은 전혀 세상 물정을 모르는 일로 치부될 수 있었습니다. "느헤미야, 호화로운 궁전에서 호의호식한 당신이 뭘 안단 말이요! 우리가 해 보려고 했지만 모조리 실패했소. 이제 예루살렘 성을 다시 쌓는 일은 쓰레기더미에서 장미꽃을 피우는 일과 마찬가지요."

하지만 느헤미야는 탁월한 리더십으로 이 세 가지 장애물을 차례로 극복해 나갑니다. 007 첩보영화에서나 볼 수 있듯이 모든 일을 비밀리에 암행(暗行)하던 느헤미야가 드디어 행동에 나섭니다. 의기소침해 있던 유다 지도자들을 한꺼번에 불러 모아 감동적인 일장 연설을 합니다.

"후에 그들에게 이르기를 우리가 당한 곤경은 너희도 보고 있는 바라 예루살렘이 황폐하고 성문이 불탔으니 자, 예루살렘 성을 건축하여 다시 수치를 당하지 말자 하고 또 그들에게 하나님의 선한 손이 나를 도우신 일과 왕이 내게 이른 말씀을 전하였더니 그들의 말이 일어나 건축하자 하고 모두 힘을 내어 이 선한 일을 하려 하매."(17~18)

부족한 노동력과 부족한 기술, 부족한 장비로 보건대 예루살렘 성벽 중건 토목 공사는 도무지 엄두를 내기가 어려워 보입니다. 설상가상 외부에서 원수들의 방해 공작도 만만치 않은 데다가, 내부에서 유다인들은 완전히 사기를 잃고 근근이 하루하루를 살아가고 있었습니다. 15년 걸려 간신히 예루살렘 성전만 재건해 놓았지 성벽이 없었습니다. 깡패가 폭력을 일삼고, 도둑이 들끓고, 외적이 쳐들어와도 어떻게 손을 쓸 방도가 없었습니다. 예루살렘은 치안 유지가 전혀 되지 않는 철거민촌이요, 난민촌에 불과했던 것입니다.

이런 형편에 처한 사람들에게 갑자기 외부에서 임명된 총독이 설득을 한다고 힐지라도 사람들이 들을 리 만무합니다. 무기로 위협해도 움직이기 어려운 사람들이지요. 그런데 느헤미야의 일장 연설을 듣고 이들의 마음이 움직였습니다. 일제히 일어나 건축을 하겠다고 환호했습니다. 도대체 어떤 연설이었기에 그들의 얼어붙은 마음을 눈 녹듯 녹였을까요? 느헤미야의 연설은 개인적인 간증과 행동에 대한 촉구로 이루어졌습니다.

첫째로 느헤미야는 우리 뒤에 하나님이 계시다는 사실을 개인의 체험을 빗대어 간증합니다. "또 그들에게 하나님의 선한 손이 나를 도우신 일과"(18), "내가 그들에게 대답하여 이르되 하늘의 하나님이 우리를 형통하게 하시리니."(20) 믿음을 잃어버린 사람들에게 믿음을 불러일으키기에는 개인적인 체험 간증보다 더 좋은 소재는 없습니다. 하나님이 어디에 계시냐며 깊은 회의에 빠져 있던 유다인들은 느헤미야의 간증을 듣고 나서 하나님에 대한 믿음을 회복합니다. 하늘의 왕이신 하나님이 어떻게 땅의 왕 아닥사스다의 마음을 움직였는지에 대한 느헤미야의 생생한 체험을 듣자 바닥이 난 믿음이 다시 용솟음치기 시작합니다. 과거에 느헤미야를 도우셨던 하나님이 현재와 미래에도 느헤미야뿐 아니라 이스라엘 동족들을 도우실 것이라는 사실을 믿기 시작했던 것입니다.

둘째로 느헤미야는 고난당하는 유다 백성들과 일체가 되었습니다. 까닭에 "너희가 당하는 곤경"이라고 하지 않고, "우리가 당한 곤경"이라고 말합니다. 이미 죄에 대해서 회개 기도를 했을 때부터 유다 백성들과 일체감을 가졌던 느헤미야였습니다. 이런 느헤미야의 진심이 이번에도 유다 백성들에게 그대로 전달되었습니다. 그는 유다 백성들이 불쌍해서 도와주러 왔다는 식으로 말하지 않았습니다. "당신들이 열심히 하면 내가 도와주겠다."라고도 하지 않았습니다. 우리 다 함께 고생하자는 것이지요. 이처럼 그들과 똑같이 고난당하기 위해 함께 피를 나눈 동족으로 예루살렘에 왔다는 느헤미야의 진심이 사람들의 마음을 움직였던 것입니다.

셋째로 동기 부여에 성공했습니다. "예루살렘이 황폐하고 성문이 불탔으니 자, 예루살렘 성을 건축하여 다시 수치를 당하지 말자 하고."(17) 예루살렘 성을 왜 재건해야 하는지 그 목적과 동기를 백성들에게 분명히 전달했습니다. 하나님이 뽑아 세우신 선민이요, 성민으로서의 자존심을 잃어버린 채 빈사 상태에 빠져 있던 유다인들이 이제 민족의 영광을 되찾아야만 한다는 것이지요. 다시는 외적이 쳐들어오지 못하도록 성벽을 쌓아 수치를 당하는 일이 없도록 하자는 당부가 잠자는 애국심을 뒤흔들어 깨웠던 것입니다.

적대자들에 대한 정공법

이렇게 내부의 장애물을 극복하고 건축에 대한 열기가 한껏 고조될 즈음, 이 소식이 금방 적대자들에게 알려졌겠지요. 그들의 즉각적인 반응은 유다 공동체를 업신여기고 비웃는 일이었습니다. 무엇보다도 아닥사스다 왕에게 반역이라도 꾸미느냐며 빈정거립니다. 성벽 작업을 중단시킨 장본인이 아닥사스다 왕이었기에, 이러한 모함은 상당한 파급력을 미치고 나아가 나머지 유다인들의 예봉(銳鋒)을 꺾고 사기를 떨어뜨릴 수 있습니다. 막 고개를 들고 일어난 건축 사업에 대한 의지가 시도도 못 해 본 채 무참히 꺾일 수도 있는 순간이었습니다.

그러나 느헤미야는 아직 시작이었기에 적당히 외면하거나 도피할 수도 있었지만 처음부터 단호하게 맞대응을 합니다. 앞으로도 원수들의 방해 공작이 점점 더 강도가 세어질 것이므로 아예 처음부터 기선을 제압하고자 했습니다. 느헤미야는 원수들에게 세 가지를 분명히 합니다.(20)

첫째 하늘의 하나님이 성벽 재건 사업을 꼭 이루어 주실 것이라는 확신과, 둘째 성벽을 다시 쌓는 일은 유다인들이 반드시 해야 할 사명이라는 것, 그리고 셋째 산발랏과 도비야, 게셈 일당은 이 일에 끼어들 그 어떤 명분이나 권리도 없다는 것을 분명하게 밝혔습니다. 한마디로 말해서 민족신앙의 기초 위에서 예루살렘과 유다 민족의 자주성과 독립성을 만천하에 선포한 대응책이지요. 지금부터는 외부에서 이스라엘의 주권에 대해서 이러쿵저러쿵 함부로 간섭하지 말라고 경고한 것입니다. 예루살렘 성벽 재건 작업은 하나님의 영광을 위하여 유다 백성들에게 맡겨 주신 피할 수 없는 사명이기에 이 일은 기필코 이루어질 것이라고 그는 천명했습니다.

17세기 프랑스에서 가난한 이들을 위하여 헌신했던 성 빈센트 드 폴 St. Vincent de Paul(1581~1660)이 말했습니다. "사자 한 마리가 이끄는 사슴 50마리와 사슴 한 마리가 이끄는 사자 50마리가 있습니다. 기업에 성공하기 위해서 이 둘 중에 하나를 선택해야 한다면 나는 첫 번째를 선택하는 것이 더 확실한 성공을 가져올 것이라 확신합니다."

느헤미야야말로 사슴 50마리를 이끄는 사자의 리더십을 보여 주었습니다. 그는 문제만 본 것이 아니라 하나님이 세워 주실 새 예루살렘 성 전체에 대한 비전을 미리 보았습니다. 지도자 한 사람이 이런 비전을 보니까 침체된 공동체 전체가 갑자기 활기를 띠기 시작합니다. 할 수 있다는 자신감으로 일어섭니다.

느헤미야 3:1~32

그 때에 대제사장 엘리아십이 그의 형제 제사장들과 함께 일어나 양문을 건축하여 성별하고
문짝을 달고 또 성벽을 건축하여 함메아 망대에서부터 하나넬 망대까지 성별하였고
그 다음은 여리고 사람들이 건축하였고 또 그 다음은 이므리의 아들 삭굴이 건축하였으며
어문은 하스나아의 자손들이 건축하여 그 들보를 얹고 문짝을 달고 자물쇠와 빗장을 갖추었고
그 다음은 학고스의 손자 우리아의 아들 므레못이 중수하였고
그 다음은 므세사벨의 손자 베레갸의 아들 므술람이 중수하였고
그 다음은 바아나의 아들 사독이 중수하였고
그 다음은 드고아 사람들이 중수하였으나
그 귀족들은 그들의 주인들의 공사를 분담하지 아니하였으며

⋮
⋮

chapter 05

위임과 분담으로
성벽을 쌓다

느헤미야 3:1~32

건축 참여자 명단의 중요성

느헤미야 3장은 성벽 재건 공사에 참여한 사람들의 명단을 소개하고 있습니다. 무너진 성벽 전체를 40개 구역으로 나누어서 동시 다발적으로 토목 공사에 착수합니다. 이 공사에 개인적으로 뛰어든 38명과 42개의 다양한 그룹의 이름이 가문 및 거주지, 직업 혹은 직책과 함께 상세히 기록되어 있습니다.

대부분의 목사들은 이 부분을 설교에 도입하지 않으려고 합니다. 우리에게 익숙지 않은 히브리인들의 이름이 지루하게 나열돼 있는 데다가 누가 무엇을 했다는 식의 평범한 보고서이기 때문이지요. 하지만 3장은 고대 예루살렘의 지형을 연구하는 학자들에게 더할 나위 없이 중요한 사료적 가치가 있습니다.

무엇보다도 이 3장이야말로 느헤미야의 탁월한 리더십을 이해하는 데 결정적인 역할을 합니다. 도대체 느헤미야가 어떤 리더십을 발휘했기에 그토록 짧은 기간 내에 성벽 재건 프로젝트에 성공했는지를 보여 주기 때문입니다. 폐허가 된 예루살렘 성, 백성들은 풀이 죽어 감히 엄두를 내지 못했고 눈에 불을 켠 외부의 방해 공작은 집요했습니다. 이런 내외의 모든 장애물을 차례로 극복하고 불과 52일 만에 예루살렘 성벽을 중수할 수 있었던 비결이 바로 3장에 나와 있습니다.

깊은 패배감에 빠져 있던 이스라엘 백성들에게 성벽 재건의 당위성을 역설한 결과 느헤미야는 일단 동기 부여에 성공했습니다. 하지만 내부로는 숱한 방관자들과 외부로는 반대자들이 득실거리고 있었기에 백성들의 사기 충천이 언제까지 갈지 가늠할 수가 없었습니다. 그러기에 느헤미야는 백성들의 사기가 저하되기 전에, 그리고 원수들이 대대적인 방해 공작을 펼쳐오기 전에 서둘러 공사를 완료해야 할 필요성을 절감했습니다. 속전속결을 결심했던 것이지요.

그러므로 그는 토목 공사 역시 일상적인 조직과 방법과는 확연히 달라야 한다는 사실을 잘 알았습니다. 가능하면 성별, 직업별, 계층별, 지역별 차이를 뛰어넘어 모든 사람이 이 역사적인 작업에 동참하도록 유도했습니다. 3장의 명단을 읽어 보면 남녀노소의 구별 없이, 다양한 직업과 다양한 계층 그리고 다양한 지역 출신의 사람들이 총동원되었음을 알 수 있습니다. 건축 엔지니어로서의 느헤미야의 출중한 수완을 엿볼 수 있는 대목입니다.

통합과 조정, 협력과 분담

무너진 성벽을 다시 쌓는 방법으로는 어느 한 지점에서 시작하여 하나 둘

빙 둘러가면서 순차적으로 축조해 나가는 방법이 있을 것인데, 느헤미야는 이 방법을 쓰지 않았습니다. 그는 성 전체를 40개 구역으로 분할한 뒤 각자가 자기 구역의 성을 동시 다발적으로 쌓도록 했습니다. 가능하면 자기가 살고 있는 지역의 성벽은 자신과 가족들의 손으로 건축한다는 방법을 쓴 것이지요. 2~3킬로미터나 되는 긴 성벽을 어느 한쪽부터 순서대로 쌓지 않고 전 지역에서 원형(圓形)의 인간 사슬을 만들어 동시에 쌓아 나가는 방법은 참으로 슬기로운 전략이었습니다. 먼저 한 쪽부터 성을 쌓게 될 경우 노동력이 한 곳에 집중된 나머지 그곳에 투입되지 않은 다른 일손은 한가롭게 놀 수가 있습니다. 더군다나 어떻게 해서든지 성벽 재건을 막으려는 원수들이 그 한쪽을 허물어 버리면 일은 금방 중단되고 더 이상 진전될 수가 없을 것입니다.

이런 이유로 느헤미야는 모든 사람에게 일을 분담하고 책임을 위임한 뒤, 가능하면 자기 집 주변은 자신과 그의 가족들이 쌓도록 유도했습니다. 이렇게 하자 일거양득의 효과가 나타났습니다. 누이 좋고 매부 좋고, 도랑 치고 가재 잡는다고, 성벽을 쌓아서 유다의 실추된 명예를 회복하는 것은 물론이고 외적의 침입도 막아 내는 동시에 자기 집 앞을 보수해서 눈에 띄게 환경도 개선시킬 수 있었습니다. 팔이 안으로 굽는 것처럼 내 집 앞 성벽을 내가 쌓는다고 할 때 책임감도 배가되어 더욱더 철저하게 작업할 수밖에 없었을 것입니다. 더욱이 일을 하기 위해서 다른 지역으로 멀리 이동할 필요도 없었습니다. 이처럼 예루살렘 성벽 건축의 상당 부분은 내 집은 내가 지킨다는 정신으로 전 가족이 역량을 집중해서 뛰어든 전 가족 중심의 사업이 되었던 것이지요.

공사에 참여하는 일꾼들의 숫자와 역량에 따라서 맡은 일이 각각 달

느헤미야가 재건한 성벽

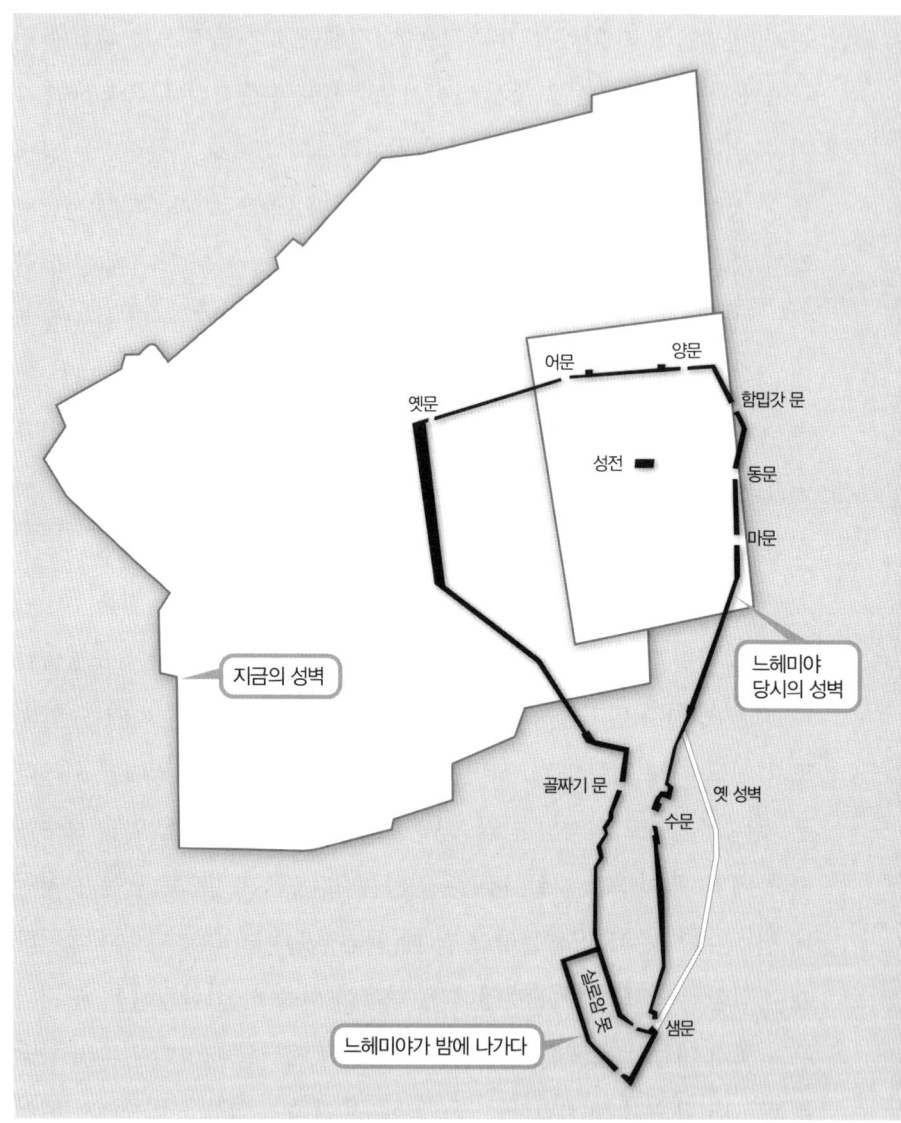

느헤미야가 예루살렘에 도착해 실시한 야간 순행 경로와 예루살렘 성벽도

랐을 것은 당연합니다. 하지만 모든 일을 철저히 분담해서 각자의 형편에 맞게 위임했다는 사실이야말로 참으로 중요합니다. 이와 같이 각자가 자기 맡은 바 일을 하도록 구체적인 위치와 일감을 지정해 준 사실은, 3장에 모두 28번이나 나오는 "그 다음은"(next to him or next to them)이라는 어구에 잘 반영되어 있습니다. 누구 옆에는 누가 있어서 어깨를 맞대고 한꺼번에 일이 진행되었다는 사실을 보여 줍니다.

또한 예루살렘 성벽 재건 작업에 있어서 가장 중요한 것은 느헤미야의 중앙 통제 리더십입니다. 여러 군데에서 동시 다발적으로 공사가 진행될 경우 중구난방 식이 되어서 통일성을 유지하기 어렵다는 약점이 있습니다. 바로 이 점 때문에 느헤미야는 성곽 전체에 대한 설계와 총감독직을 맡아서 진두지휘했을 것이 뻔합니다. 이런 느헤미야의 중앙 통제적 지휘감독이 있었기에 예루살렘 성은 상호간 빈틈없이 연결되어 마치 한 사람이 쌓은 것처럼 보였을 것입니다. 느헤미야는 실제로 모든 지역에서 일어난 공사 내용을 샅샅이 알고 있었습니다. 심지어 누가 어디에 어떤 문짝을 단 것까지 알고 있을 정도였습니다. 한마디로 느헤미야의 중앙 통제적 리더십 아래 분담과 협동이 극대화된 결과로 나타난 성과물이 예루살렘 성곽이었던 것이지요.

공사 참여자들에 관한 에피소드

이제 3장에 나타난 예루살렘 성벽 재건 공사의 흥미로운 면면을 살펴봅시다. 먼저 성곽은 7개의 성문을 중심으로 건설되는데, 예루살렘 북쪽 방면의 성전 주변에 있는 '양문'에서 시작해 다시 '양문'으로 되돌아오는 식의, 시계 반대 방향으로 진행됩니다.

중요한 것은 거의 모든 계층의 사람들이 이 공사에 동참했다는 사실입니다. 대제사장이나 제사장과 같은 성직자들, 특별한 기술을 가진 금장색, 향품 장사, 예루살렘 지역 관리들과 평민들, 레위인들, 상인들, 심지어 여성들까지도 노역에 참여했습니다.

양문에서 시작해 양문에서 끝나다

공사가 '양문'에서 시작해 '양문'으로 되돌아와 끝난다는 사실은 매우 중요합니다(1, 32). 양문은 대제사장 엘리아십이 동료 제사장들과 함께 만들어 하나님께 바쳤다고 기록되어 있습니다. 양문(羊門)은 양의 문, 즉 성전에 제사드릴 때 쓸 양을 몰고 들어오는 문을 말합니다. 양문 건축을 대제사장과 제사장에게 맡긴 것은 양문이 이들의 사역과 직결되어 있기 때문입니다. 성벽 재건에 대한 보고가 양문에서 시작해 양문으로 끝난다는 것은 그 공사가 이스라엘의 민족혼이 고스란히 깃든 예루살렘 성전을 중심축으로 해서 진행되었다는 사실을 상징적으로 보여 줍니다. 다시 말해서 모든 공사가 하나님 중심으로 시작되고 완성되었다는 말이지요.

성직자들도 손에 흙을 묻히다

제사장 그룹이 건축에 참여했다는 사실은 곳곳에서 드러납니다. 레위 사람 바니의 아들 르훔이 보수 공사에 참여했고(17), 구역 안에 살던 제사장들이 자기 지역의 성을 보수했습니다(22). 사실 제사장 그룹은 손으로 하는 노동과는 무관한 사람들이었기에 얼마든지 이 노역으로부터 면제받을 수도 있었지만 그렇게 하지 않았습니다.

먼 곳에서 와서 도운 사람들

여리고를 비롯한 예루살렘 지역이 아닌 먼 곳에서 온 사람들도 노역에 참여했습니다. 줄잡아 여덟 군데 지역에 살던 주민들이 15~20마일(24~32킬로미터) 반경에서 예루살렘으로 달려온 것입니다. 여리고(2), 드고아(5), 기브온(7), 미스바(7, 19), 하눈과 사노아(13), 벧학게렘(14), 벧술(16), 그리고 그일라(17) 등지의 책임자들이 기꺼이 예루살렘에 와서 공사를 도왔습니다. 이들은 예루살렘 성 안이 아닌 성 밖에 거주하는 이들이었지만, 주로 예루살렘 거주민들이 쉽게 하지 못하는 구역의 공사를 맡았습니다. 자기들의 안전 문제나 이해관계와 직결되지는 않았지만 하나님과 온 유다 민족의 영광을 위하여 먼 곳에서 자발적으로 원정을 와 동족을 도왔던 것입니다.

그 다음에 아주 안락한 환경 속에 있던 전문 직업인들도 공사에 뛰어들었습니다. 금장색 웃시엘과 향품장사 하나냐가 등장합니다(8). 금장색 말기야(31)와 또 한 명의 이름을 밝히지 않은 금장색이 출현합니다(32). 이들은 평생 힘든 노동이라곤 해 보지 않은 전문직에 종사하던 사람들입니다. 금을 다루는 세공업자들이나 향품 제조업자에게는 부드럽고 정교한 손이 매우 중요합니다. 그럼에도 불구하고 손을 다치거나 물집이 생길 수도 있는 큰 돌을 나르고 또 그 돌을 쌓는 노역에 참여했던 것입니다.

관리들도 특권을 버리다

특정 지역을 다스리던 관리자들의 등장도 눈길을 끕니다. 예루살렘 성의 절반을 통치하던 르바야(9)와 다른 반쪽을 다스리던 살룸이 보수 공사에 참여했습니다(12). 특히 살룸이라는 통치자는 자기의 딸들까지 동원해서 공사에 협조했습니다. 아마도 아들이 없고 딸들만 있었기에 그렇게 했겠지요. 그러기에 성벽 재건 공사는 연약한 여성들까지 동원된 거족적인 사업이었던 것입니다. 성 밖에 있는 도시, 즉 벧학게렘과 미스바, 벧술, 그일라 지역을 다스리던 지도자들도 대거 참여했습니다. 이들이 누리는 권력이나 재력으로 볼 때 그들은 얼마든지 직접 나서지 않고 종들을 보낼 수도 있었지만 손수 노동에 참여해서 솔선수범의 정신을 보였던 것입니다.

총각, 막일꾼, 경비원도 나서다

베냐민과 핫숩이라는 이름이 등장하는데 이들을 소개할 때에는 다른 이들과 달리 할아버지나 아버지의 이름을 밝히지 않습니다(23). 아마도 이들은 장가를 가지 않은 총각들로 보입니다. 보호해야 할 아내나 자식이 없음에도 불구하고 기꺼이 공사 현장에 투신한 미혼 청년들이었던 것이지요.

오벨에 거주하던 성전 막일꾼들도 건축에 참여했습니다(26). 오벨은 성전 주변의 남쪽 언덕에 위치한 곳인데, 이곳에 살던 성전 관리인들도 협조했던 것이지요. 동문지기 스마야라는 이름이 나옵니다(29). 오늘로 치면 동쪽 문을 지키는 경비원도 공사에 참여했다는 말입니다.

가족의 반대를 무릅쓰고

또 한 가지 흥미로운 암시가 있습니다. '살랍의 여섯째 아들 하눈'이 한 부분을 맡아서 중수했다는 보고입니다(30). 그런데 왜 하필이면 여섯째 아들만 언급했을까요? 나머지 아들들은 다 어디에 가서 무엇을 했을까요? 혹시 하눈의 형제들은 이 일에 협조하지 않았기 때문에 '하눈'의 이름만 기록된 것은 아닐까요? 이는 가족들의 반대에도 불구하고 공사에 뛰어든 사람이 있었음을 암시해 주는 대목입니다.

이윤을 포기한 상인들

상인들도 협조했습니다(32). 상인들의 최대 관심은 장사를 하고 거래를 해서 최대한의 이윤을 남기는 것입니다. 그러므로 이들은 직업상 이득이 없는 일에는 잘 뛰어들려고 하지 않습니다. 아니면 공사가 진행되는 동안 음료수나 음식을 팔아서 돈을 벌 생각을 할 수도 있었겠지요. 하지만 이들은 그러한 상업적 이해관계를 뛰어넘어 하나가 되었습니다. 하나님께 영광을 돌리고 예루살렘의 수치를 면하기 위해서 즐거운 마음으로 공사에 동참했던 것입니다.

분문에서 일한 사람들

분문에까지 가서 일한 사람들은 아주 특별합니다(13). 하눈과 사노아에 살던 주민들은 예루살렘 성의 최남단에 위치한 분문까지 내려와 천 규빗을 중수했습니다. 약 500미터에 이르는 구역을 이들이 감당했다는 것입니다. 이들은 가장 긴 성벽을 축조했기 때문에 다른 것들과는 달리 '천 규빗'이라는 구체적인 성의 길이까지 명시해 놓은 것 같습니다.

그런데 이들이 제일 긴 성벽을 쌓았다는 사실도 중요하지만, 멀리 분문까지 내려가서 일을 했다는 사실이 중요합니다. '분문'(糞門)은 말 그대로 똥문, 거름문, 쓰레기문이지요. 이런 이유로 가장 거룩한 예루살렘 성전과 가장 더러운 분문은 서로 멀리 떨어져 있었는지도 모릅니다. 문제는 이처럼 더럽고 냄새 나는 똥문 곁에서 성을 쌓는 일은 누구라도 피하고 싶었을 것이라는 사실입니다. 아마 누구든지 가장 일하고 싶었던 장소는 '샘문'이었을 것입니다(15). 시원한 샘이 있어서 수시로 갈증도 풀 수 있고, 일이 끝난 뒤 목욕도 할 수 있는 곳, 게다가 그 근처에는 '왕의 동산'까지 있었으니 얼마나 작업 환경이 좋았겠습니까. 하지만 분문, 즉 쓰레기 처리장이야말로 도시 전체의 위생을 위해서 너무도 중요한 곳이었기에 하눈과 사노아 사람들은 예루살렘 거주민이 아님에도 불구하고 가장 길게 성을 쌓았을 뿐만 아니라 가장 더러운 곳까지 진출해서 힘든 작업을 했던 것이지요.

눈에 띄게 열심히 일한 사람

또 한 가지 흥미로운 사실은 바룩이라는 사람이 '힘써' 중수했다고 기록되어 있는 점입니다(20). 다른 사람들의 경우에는 그냥 중수했다는 말만 있지만, 바룩의 경우에는 '힘써', 즉 열심히(earnestly, carefully, zealously) 일했다는 부사를 의도적으로 덧붙이고 있습니다. 아마도 워낙 성실하고 꼼꼼하게 일하는 모습이 역력했기에 바룩의 경우에만 일부러 이 표현을 쓴 것 같습니다.

비협조적인 드고아의 귀족들

하지만 모든 사람이 다 협조를 잘한 것은 아니었습니다. 느헤미야도 이 사실이 서운했던지 전부 다 좋은 말만 하다가 딱 한 군데 부정적인 사실을 넌지시 언급하고 있습니다. "그 다음은 드고아 사람들이 중수하였으나 그 귀족들은 그들의 주인들의 공사를 분담하지 아니하였으며."(5) 드고아의 평민들과는 달리 귀족들이 공사 책임자들에게 협조하지 않았다는 것이지요. 영어 성경을 보면 "어깨를 사용하여 일하려고 하지 않았다."(would not put their shoulders to the work)라고 되어 있습니다. 여기에서 '어깨'라는 뜻의 히브리어는 특히 '목 뒤'를 의미하는데, 소가 멍에를 메는 것을 싫어할 때 이 표현을 썼다고 합니다. 이들은 손을 더럽히는 힘든 작업에 뛰어들지 않으려는 이기심과 교만 때문에 성벽 공사에 협조하지 않았던 것입니다.

이와 같이 어떤 좋은 일을 하더라도 반대하거나 수수방관만 하는 구경꾼들이 있게 마련입니다. 하지만 하나님의 일은 누가 방해하거나 비협조적인 태도를 취한다고 해서 이루어지지 않는 것이 아닙니다.

두 몫을 감당한 드고아의 평민들

드고아와 관련해서는 정말 놀라운 사실이 하나 더 있습니다. 사실 드고아는 아모스 선지자의 고향으로 예루살렘에서 남쪽으로 약 12마일, 즉 20킬로미터 떨어진 곳입니다(삼하 14:1~3; 암 1:1). 이들은 예루살렘 성 밖에 살았습니다. 그러므로 굳이 성벽 공사에 뛰어들 직접적인 이유가 없었던 셈입니다. 그럼에도 불구하고 귀족들과는 달리 평민들은 성벽을 두 군데나 수축했습니다(5, 27). 무너진 성벽의 두 부분을 수축한 사람들은 딱 두 경우인데 므레못(4, 21)과 드고아 주민들뿐입니다. 다른 사람의 두 몫을 해냈다는 말이지요. 아마도 눈꼴사나운 귀족들의 모습을 보면서 드고아 출신이라는 것이 부끄러워서라도 귀족들이 해야 할 몫까지 두 몫의 일을 거뜬히 해냈던 것 같습니다.

또 한 가지 흥미로운 사실은 3장에 나오는 명단을 읽어 보면 그 어디에도 목수나 석축공과 같은 건축 전문가들의 이름이 등장하지 않는다는 점입니다. 예루살렘 성벽 중수 작업은 전문 엔지니어들이 아닌 지극히 평범한 사람들이 이루어 낸 위업이었다는 사실을 암시해 줍니다.

느헤미야, 본인의 이름은 빼다

이제 정말로 중요한 사실이 하나 더 있습니다. 이렇게 역할 분담을 잘 해서 불과 52일 만에 예루살렘 성벽이 중수되었습니다. 느헤미야의 탁월한 지도력으로 이루어진 기적입니다. 적재적소에 일꾼들을 배치하고, 노동 임무를 적절히 배분하여 40군데가 넘는 구역에서 일제히 공사가 진행되었지만, 나중에 완성된 성벽은 마치 한 사람이 쌓은 것처럼 균일했습니다. 두말할 필요도 없이 느헤미야가 전체와 부분을 세밀하게 설계했고, 구역과 구역 사이를 조정했고, 공사 기간을 효과적으로 관리했기 때문에 그토록 빠른 시간 안에 놀라운 역사(役事)가 이루어진 것입니다.

하지만 느헤미야 3장을 자세히 살펴도 정작 가장 중요한 인물 느헤미야의 이름은 빠져 있습니다. '아스북의 아들 느헤미야'(16)는 우리의 주인공 느헤미야가 '하가랴의 아들'이라는 사실에서(1), 동명이인(同名異人)일 뿐입니다. 후손들로 하여금 기억하게 하고 오랫동안 역사에 남게 하기 위해 공사에 협조한 이들은 남김없이 기록하고 그들의 업적을 일일이 기리고 있는데, 정작 자신의 이름은 넣지 않았습니다. 여기에서 모든 공을 아랫사람들에게 돌리고 자신은 한 발짝 뒤로 물러선 지도자의 겸손과 도량이 엿보입니다.

이것은 141년 전에 유다 왕국과 예루살렘을 망하게 한 바벨론 제국의 느부갓네살 왕과 너무나도 다른 대조를 이룹니다. "나 왕이 말하여 이르되 이 큰 바벨론은 내가 능력과 권세로 건설하여 나의 도성으로 삼고 이것으로 내 위엄의 영광을 나타낸 것이 아니냐 하였더니."(단 4:30) 느부갓네살은 모든 영광을 독식했습니다. 하지만 느헤미야는 모든 공로를 백성들에게 돌립니다. 아니, "우리 하나님께서 이 역사를 이루셨다."(6:16)는 확신으로 모든 영광을 오로지 하나님께만 돌립니다.

사람을 알아주는 지도자

온 유다 백성들이 혼연일체가 되어 성벽 공사에 뛰어든 것은 느헤미야의 진정성이 전달되었기 때문입니다. 일체의 사심을 버리고 오직 하나님께만 영광을 돌리고 실추된 이스라엘의 영광을 되찾고자 한 느헤미야의 비전이 공유(共有)되었던 것이지요. 느헤미야는 책임과 과제를 분담하고 위임할 줄 아는 통 큰 지도자였습니다. 모든 것을 홀로 하지 않았습니다. 서로 다른 재주와 기능을 가진 다양한 이들을 존중해 주고 그들에게 특정 분야의 일을 맡겼습니다.

사실 술 맡은 관원으로서의 느헤미야는 왕궁에서 오롯이 안락한 생활만 했을 것입니다. 무거운 돌을 나르는 일에 익숙하지 않았을 것입니다. 더군다나 무너진 지 오래되어 이곳저곳에 함부로 나뒹구는 무거운 돌들을 모으고 날라서 제자리에 다시 쌓는 일은 참으로 위험하고 피곤한 일입니다. 결코 흥겹게 할 수 있는 새로운 일이 아니지요! 느헤미야는 돌을 나르고 다시 쌓고 하는 참으로 고되고 단조로운 노동을 하는 이들을 알아주고 공로를 인정해 줄 줄 아는 속 깊은 지도자였습니다.

사람들이 느헤미야를 기꺼이 따를 수 있었던 이유는 그가 엄청나게 큰 돌을 자유자재로 들 수 있거나 숙련된 석공 이상의 축조 기술을 지녔기 때문이 아닙니다. 그들은 자신들의 처지를 십분 이해해 주고 공로를 기꺼이 인정해 주는 넓은 아량에 반했던 것입니다. 앞으로 살펴보겠지만, 느헤미야는 노동에 참여한 백성들과 똑같이 낮은 자리에서 동고동락했습니다. 이런 느헤미야의 솔선수범이 백성들의 마음을 사로잡았던 것입니다.

"세상은 주님께 전적으로 헌신된 한 사람을 통해 하나님께서 하시는 일이 무엇인지 보아야 한다."(무디$^{Dwight\ Lyman\ Moody}$, 1837~99)

느헤미야 4:1~6

산발랏이 우리가 성을 건축한다 함을 듣고 크게 분노하여 유다 사람들을 비웃으며
자기 형제들과 사마리아 군대 앞에서 일러 말하되 이 미약한 유다 사람들이 하는 일이 무엇인가.
스스로 견고하게 하려는가, 제사를 드리려는가, 하루에 일을 마치려는가
불탄 돌을 흙 무더기에서 다시 일으키려는가 하고 암몬 사람 도비야는 곁에 있다가 이르되
그들이 건축하는 돌 성벽은 여우가 올라가도 곧 무너지리라 하더라
우리 하나님이여 들으시옵소서 우리가 업신여김을 당하나이다 원하건대
그들이 욕하는 것을 자기들의 머리에 돌리사 노략거리가 되어 이방에 사로잡히게 하시고
주 앞에서 그들의 악을 덮어 두지 마시며 그들의 죄를 도말하지 마옵소서
그들이 건축하는 자 앞에서 주를 노하시게 하였음이니이다 하고
이에 우리가 성을 건축하여 전부가 연결되고 높이가 절반에 이르렀으니
이는 백성이 마음 들여 일을 하였음이니라

chapter 06

적대자 다루기

느헤미야 4:1~6

반대와 방해는 있게 마련이다

"바다가 잠잠할 때에는 누구라도 키를 잡을 수 있다." 1세기의 어떤 철학자가 한 말입니다. 험한 파도라야만 능숙한 선장을 만드는 법입니다. 반대와 방해 없이 좋은 지도자는 만들어지지 않습니다. 특히 하나님이 기뻐하시는 일을 하고자 할 때 사탄이 그냥 둘 리 없습니다. 반드시 원수들의 반대와 방해 공작이 있게 마련이지요.

느헤미야의 건축 사역도 그랬습니다. 공사가 시작되자마자 사방에서 조롱과 비방이 빗발치듯 날아들었습니다.

느헤미야와 유다 백성들의 원수가 누구입니까? 사마리아 총독 호론 사람 산발랏과 그의 심복이자 암몬 총독이었던 도비야, 이 두 사람은 느헤미야를 두고두고 괴롭힌 주적들입니다. 두 사람은 이미 느헤미야가 예루살렘에 온다는 소식을 듣는 순간부터 바짝 긴장해 있었습니다(2:10).

여기에 아랍 사람 게셈도 합세했습니다. 산발랏과 도비야와 게셈은 느헤미야의 설득으로 유다 백성들이 예루살렘 성을 다시 쌓겠다는 결단을 내리자 아닥사스다 왕에게 반역이라도 일으키겠냐며 크게 비웃은 적이 있습니다.(2:19)

이들 원수들에게는 100년이 넘도록 아무도 성공하지 못한 성벽 재건 작업을 느헤미야와 유다 백성들이 과연 해낼 수 있을까 하고 얕잡아 보는 마음이 있었습니다. 그러면서도 혹여 이 공사가 성공하지는 않을까, 전전긍긍 경계 태세를 늦추지 않았습니다. 왜냐하면 이들은 예루살렘 성 안과 성 밖에 사는 유다인들과 혼인관계를 맺거나 각종 상거래를 하고 있었기 때문입니다. 거기에서 엄청난 기득권과 많은 이권을 누리고 있었기에 느헤미야의 출현으로 예루살렘에 대한 영향력을 잃을까 봐 두려워했습니다.

십자포화 속에서

이처럼 의혹과 경계의 눈초리로 느헤미야의 일거수일투족을 감시하던 원수들이 더 이상 참을 수 없을 지경에 이르렀습니다. 반신반의하던 것과는 달리 전격적으로 성벽 공사를 시작했기 때문이지요. 원수들은 예루살렘이 주저앉아야지만 각종 이권을 누릴 수 있으므로 기를 쓰고 막으려고 했습니다. 활활 적개심으로 불탄 원수들은 예루살렘 성벽 재건 작업을 중단시키기 위해 단계적인 책동을 시작합니다. 먼저 첫 단계로 언어 폭력을 씁니다. 공개적인 비난과 조롱을 퍼부은 것이지요(1~3). 그 다음 단계로 어마어마한 연합 전선을 구축하여 기습 공격을 감행하려고 계획을 세웁니다.(7~12)

이러한 방해 공작들이 모두 무위로 끝나자 이번에는 전략을 바꾸어서 유화적인 제스처를 씁니다. 대화를 통해서 해결하자며 느헤미야를 들판으로 끌어내어 암살할 음모를 꾸밉니다(6:1~4). 네 번씩이나 대화를 하자며 유인했지만 느헤미야는 적들의 농간에 넘어가지 않았습니다. 술 맡은 관원장, 국가정보원장으로서 몸에 밴 변별력이 이때에도 결정적인 빛을 발했던 것이지요. 네 번의 유인 작전이 모두 실패로 돌아가자 다섯 번째는 아예 느헤미야가 유다의 왕이 되려고 한다는 공개 서한을 보내어 유언비어로 느헤미야를 매장하려는 술수까지 씁니다.(6:5~9)

하지만 이것도 실패하자 아예 거짓 예언자를 돈으로 매수해서 느헤미야로 하여금 성소를 범하게 만든 뒤 백성들로부터 공신력을 잃게 하려는 공작을 벌입니다(6:10~14). 원수들은 사탄의 세력에 사로잡혀서 시기와 질투와 이욕에 눈이 멀었습니다. 그럼에도 느헤미야의 예리한 판단력과 민첩한 행동은 언제나 원수들의 방해 공작을 미리 간파해내 헛것으로 만들어 버렸습니다.

눈여겨볼 것은 원수들의 방해 공작이 언제나 고도의 심리전 형태를 띠고 있다는 사실입니다. 조롱과 야유도 심리 전술의 일환입니다. "산발랏이 우리가 성을 건축한다 함을 듣고 크게 분노하여 유다 사람들을 비웃으며 자기 형제들과 사마리아 군대 앞에서 일러 말하되 이 미약한 유다 사람들이 하는 일이 무엇인가, 스스로 견고하게 하려는가, 제사를 드리려는가, 하루에 일을 마치려는가 불탄 돌을 흙무더기에서 다시 일으키려는가 하고 암몬 사람 도비야는 곁에 있다가 이르되 그들이 건축하는 돌 성벽은 여우가 올라가도 곧 무너지리라 하더라."(1~3)

먼저 산발랏은 유다인들의 성벽 공사에 대해서 크게 분개하면서 유다

인들을 비웃습니다. 비웃는 것이야말로 산발랏의 전형적인 심리 전술입니다.(2:19)

첫째, 유다인들이 미약하다고 조롱합니다. 여기서 중요한 말이 "미약한 유다 사람들"입니다. 불쌍하고 보잘것없는 놈들이라는 것이지요. 시들어가는 꺾인 꽃과 같다는 모욕입니다. 유다인들이 이런 뿌리 깊은 패배감에 사로잡혀 있었다는 뼈아픈 현실이 더 큰 문제입니다. '미약한 유다인들', 늘 예민하게 생각해 온 부정직 자화상이시요. "성벽이 무너진 지 141년이 지났지만 성벽을 다시 쌓지 못했다. 너희같이 무능한 놈들이 무슨 성벽을 쌓는다는 말인가?" 마음 깊은 곳에 숨어 있던 상처를 건드리며 사기를 일거에 떨어뜨리는 독설입니다.

하지만 산발랏은 하나님이 약한 자들을 들어 쓰셔서 강한 자들을 부끄럽게 하신다는 사실을 몰랐습니다. "그러나 하나님께서 세상의 미련한 것들을 택하사 지혜 있는 자들을 부끄럽게 하려 하시고 세상의 약한 것들을 택하사 강한 것들을 부끄럽게 하려 하시며."(고전 1:27)

둘째, "스스로 견고하게 하려는가?" 아마 산발랏의 부하들이 이 말을 들었을 때 일제히 야유를 보냈을 것입니다. 너희보다 훨씬 더 힘도 좋고 기술과 자원도 풍부했던 너희 선조들도 오랫동안 고생을 해서 간신히 쌓았는데 너희처럼 미약한 놈들이 어떻게 성을 쌓을 수 있겠느냐는 조소이지요. "너희들이 시작한 일이 어떤 일인지 제대로 알고나 하고 있느냐?"며 비아냥거립니다.

셋째, "제사를 드리려는가?" 성벽을 쌓은 뒤 그 위에 올라가 예배라도 드릴 요량인가 하면서 유다인들의 신앙을 비웃습니다. 기도한다고 해서, 예배드린다고 해서 해결될 문제냐는 조롱입니다. 우리 역시 어떤 일을 해

보려고 할 때 기도한다고 해서 될 문제인가 하고 의심할 때가 있습니다. 산발랏의 비난은 바로 이러한 신앙적인 의심을 부채질하는 비난입니다. 실제로 느헤미야는 이러한 비난을 마음속에 묻어 두고 있다가 성벽이 완성된 뒤, 보란 듯이 성벽 위에 올라가 하나님께 제사를 드립니다.(12:43)

넷째, "하루에 일을 마치려는가?" 141년 동안 무너져 있던 성벽을 하루 만에 끝내려고 하는가, 유다인들의 성벽 재건 공사가 불가능함을 비꼬는 말입니다.

다섯째, "불탄 돌을 흙무더기에서 다시 일으키려는가?" 건축 재료를 문제 삼습니다. 불타 버린 돌들을 흙무더기 속에서 다시 꺼내서 쓸 수 있겠느냐는 빈축이지요. 틀림없이 무너진 돌들이 쓸 만했겠지만 산발랏은 그럴 만한 석재가 없을 것이라며 약을 올립니다.

산발랏은 이렇게 모든 부하들이 지켜보는 가운데 유다인들에게 거침없는 야유를 보냈습니다. 바로 그때 곁에 서 있던 도비야가 거들고 나섭니다. "때리는 시어머니보다 말리는 시누이가 더 밉다."는 속담처럼, 어떻게 보면 산발랏보다 도비야가 더 얄밉고 고약한 사람이지요. 도비야야말로 이스라엘의 자존심에 치명적인 일격을 가했습니다. "그들이 건축하는 돌 성벽은 여우가 올라가도 곧 무너지리라 하더라."(3) 지금 유다 사람들은 여우 한 마리가 올라가도 곧 무너지고 말 형편없이 빈약한 성벽을 쌓는다는 조롱입니다.

여우는 몸이 가볍고 민첩한 동물입니다. 거의 발자국도 남기지 않을 만큼 가뿐한 짐승입니다. 이런 여우 한 마리도 지탱하지 못할 성벽을 쌓고 있다는 비웃음, 아마 이 말을 듣는 부하들은 틀림없이 박장대소를 하며 낄낄거렸을 것입니다. 하지만 느헤미야는 이 말을 잊지 않고 마음에

새겨 두었습니다. 그래서 성벽이 완성된 뒤 봉헌식을 할 때 백성들로 하여금 모조리 성벽 위로 올라가게 했습니다(12:31). 여우 한 마리만 올라가도 무너질 것이라는 도비야의 야유를 보기 좋게 반박하는 퍼포먼스입니다. 예루살렘 성벽이 얼마나 튼튼한지 수많은 사람들이 동시에 올라가도 무너지지 않는다는 사실을 도비야 일당에게 똑똑히 보여 준 일종의 시위인 셈이지요.

기도로 조롱과 비방을 뚫다

누구나 다 약점의 아킬레스건이 있습니다. 상대방의 기를 꺾고 그가 하고자 하는 일을 못하도록 방해하는 방법은 간단합니다. 약점을 건드리면 됩니다. 아킬레스건을 공격하면 됩니다. 뚱뚱한 것 때문에 콤플렉스가 있는 사람에게 뚱뚱보라고 놀리면 큰 상처가 됩니다. 못 배운 것이 한(恨)인 사람에게 무식하다고 핀잔을 주면 상처가 됩니다. 부러진 팔과 다리는 시간이 지나면 회복됩니다. 하지만 한 번 흠집이 난 자존심은 평생 우리를 나약한 사람으로 만들 수 있습니다.

유다 민족도 마찬가지지요. 지금 나라를 잃고 민족은 빈사 상태에 빠졌습니다. 간신히 노예생활을 마치고 고향으로 돌아왔다고는 하나, 성벽 하나도 제대로 쌓지 못하고 날마다 죽지 못해 살고 있습니다. 이런 열패감을 가지고 있는 이들에게 또 한 번 아픈 상처를 후벼 판다는 것, 사탄의 제일가는 전략이지요. 언어 폭력, 특히 조롱과 야유는 사탄이 가장 즐겨 쓰는 치명적인 무기들 중 하나입니다. 사탄은 우리의 심리적 약점을 헤집고 들어와 우리가 하려는 하나님의 일을 못하도록 막습니다.

산발랏이 내뱉는 조롱 하나하나에는 유다인들의 가슴을 찌르는 비수가 숨어 있습니다. 유다인들은 바보요, 멍청이요, 무능력자이기 때문에 성벽을 다시 쌓을 수 없다고 놀려 댑니다. 유다인들을 철저히 깔보는 언사입니다. 제발 주제 파악 좀 하고 일을 중단하는 것이 나을 것이라는 놀림입니다.

이제 중요한 것은 느헤미야가 과연 산발랏과 도비야 일당의 조롱과 비방을 어떻게 극복했는가에 있습니다. 사실 이러한 언어 폭력은 일시에 유다인들의 사기를 떨어뜨릴 수 있습니다. 하지만 놀랍게도 느헤미야는 흐트러짐이 없습니다. 일절 대응하지 않습니다. 감정적으로도 반응하지 않습니다. 복수를 시도하지도 않습니다. 만일 느헤미야가 산발랏이나 도비야처럼 야유에 야유로 맞장구를 쳤다면 그 역시 그들 수준의 얄팍한 인간으로 전락하고 말았겠지요. 그 대신 느헤미야는 하나님께 기도드립니다. 억울하고 분한 일이 생겼을 때 하나님께 직고할 줄 아는 믿음의 사람이 느헤미야입니다.

"우리 하나님이여 들으시옵소서 우리가 업신여김을 당하나이다 원하건대 그들이 욕하는 것을 자기들의 머리에 돌리사 노략거리가 되어 이방에 사로잡히게 하시고 주 앞에서 그들의 악을 덮어 두지 마시며 그들의 죄를 도말하지 마옵소서 그들이 건축하는 자 앞에서 주를 노하시게 하였음이니이다 하고."(4~5)

벌써 느헤미야의 기도는 세 번째입니다(1:4~11; 2:4). 그런데 이 세 번째 기도는 내용상으로 볼 때 좀 의외입니다. 일종의 저주 기도입니다. 느헤미야와 같이 고매한 인품을 가진 이가 저주의 기도를 하다니. 좀 이해가 되지 않을 수 있습니다. 하지만 우리는 느헤미야의 솔직한 심정을 십분 이해해야 합니다. 산발랏과 도비야 일당이 마구 퍼부어 대는 조롱과 비방이 유다 백성들의 마음을 마구 뒤흔드는 것을 보았을 때 느헤미야의 가슴 역시 분노의 불길로 활활 타올랐을 것입니다. 그러므로 이 기도야말로 느헤미야의 속마음을 가감 없이 전달하는 가장 정직한 기도입니다.

누군가를 저주하는 기도는 분명히 옳지 않습니다. 이것은 원수를 사랑하고 박해하는 자를 위하여 기도하라는 예수님의 가르침(마 5:44)과도 위배됩니다. 하지만 가슴속에 치밀어 오르는 분노를 억누르고 거룩한 사람인 양 위선을 부리며 점잖게 기도하는 것보다, 때로 성난 마음을 하나님께 여과 없이 털어놓는 기도가 훨씬 더 좋은 기도일 수도 있습니다.

느헤미야는 이스라엘의 자존심을 갈기갈기 찢어놓는 원수들의 비방을 사람들이 아닌 하나님께 가지고 가 하나님께서 해결해 주시기를 기도합니다. "우리가 이렇게 업신여김을 받고 있습니다." "우리에게 퍼붓는 그 욕이 그들에게 되돌아가게 하여 주십시오." "그들이 노략을 당하게 하시고, 남의 나라로 끌려가게 하여 주십시오." "그들의 죄를 용서하지 마시고 그들의 죄를 못 본 체하지 마십시오. 그들이야말로 성을 쌓고 있는 우리 앞에서 주님을 모욕한 자들입니다."

느헤미야는 자신이 분노하고 있다는 사실을 솔직히 고백합니다. 원수들에 의해 자존심이 짓밟히는 모욕을 당했다고 고백합니다. 그런데 그 모욕은 하나님을 모욕한 신성 모독이기에 하나님이 갚아 주셔야 한다고 울부짖습니다. 이것은 성벽 공사가 하나님이 원하시는 프로젝트라는 확신에서 우러나온 기도입니다. 하나님이 시작하셨고 하나님이 진행하시며 하나님이 완성하실 건축 공사가 원수들이 조롱하고 비방한다고 해서 중단될 수 없다는 믿음에서 나온 절박한 기도이지요.

원수 갚는 일을 하나님께 맡기면

때로 정직한 분노는 우리에게 큰 추진력을 불러 일으킬 수 있습니다. 분노가 없는 사람보다 분노가 있는 사람이 더 큰 에너지를 분출해서 큰일을 이룰 수 있습니다. 분노에 가득 찬 느헤미야의 기도가 있은 뒤, 순식간에 건축 공사는 급진전해 성벽 두르기를 다 마치고 높이도 절반까지 쌓게 됩니다(6절 참조). 때로 분노가 창조적인 에너지를 발산시킨다는 진실을 그대로 보여 준 것이지요. 조롱과 비방으로 유다인들의 사기를 꺾으려는 시도는 무위로 끝났습니다. 맞대응을 하지 않고 오히려 기도하고 밀고 나갔더니 높이가 절반에 미치는 급진전이 있었습니다. 이것이 기도의 위대한 능력입니다!

어떤 퀘이커 농부가 노새를 부려서 밭을 갈게 하려는데 노새가 말을 듣지 않았습니다. 그래서 평화주의자인 퀘이커 농부가 나귀를 타이릅니다. "너는 내가 퀘이커 교도인 것을 알 것이다. 그래서 나는 너를 저주하거나 채찍질할 수 없다는 사실도 알 것이다. 그러나 너는 내가 너를 퀘이커 교도가 아닌 다른 사람에게 팔아넘길 수도 있다는 사실을 모르는 것 같구나. 그는 틀림없이 고집을 부리는 너를 채찍질해서 겁을 줄 텐데, 그래도 괜찮겠냐?"

우리 역시 이 퀘이커 농부처럼 낭패를 당할 수 있지요. 하지만 우리가 직접 채찍질을 가하는 폭력을 행사하지 않고서도 일을 해결할 수 있는 방법이 있을 것입니다. 기도야말로 그런 방법들 중에 최고의 방법일 것입니다. 느헤미야 역시 기도를 통해서 자신의 분노를 가라앉힐 수 있었습니다. 보복이나 응징과 같은 인간적인 방법이 아니라, 하나님께 나아가 기도함으로써 분노를 다스릴 수 있었습니다. 뿐만 아니라 기도했더니 끝까지 공사를 밀어붙일 수 있는 새 힘을 하나님으로부터 부여받을 수 있었습니다.

　느헤미야의 정직한 기도야말로 우리의 분노와 상처를 주님께 맡겨야 한다는 교훈을 가르쳐 줍니다. 하나님은 우리의 분노와 상처를 아시는 까닭에 하나님 앞에 가져가면 분노와 상처를 치료해 주실 뿐만 아니라, 하나님의 방법대로 원수를 갚아 주십니다. "내 사랑하는 자들아 너희가 친히 원수를 갚지 말고 진노하심에 맡기라 기록되었으되 원수 갚는 것이 내게 있으니 내가 갚으리라고 주께서 말씀하시니라."(롬 12:19)

　어떤 일에도 반대와 방해가 있게 마련입니다. 특히 하나님께서 기뻐하시는 거룩한 일일수록 방해 공작이 더욱 심한 법입니다. 반대 세력과 마주칠 때마다 우리는 하나님께 기도를 올려야 합니다. 인간적인 대응책은 반드시 실패하지만, 하나님께 기도하면 우리의 분한 마음도 진정이 되고 하나님께서 대신 원수를 갚아 주십니다. 그리고 기도했으면 계속해서 밀고 나가야 합니다. 그래야 반드시 이루어집니다.

느헤미야 4:7~23

산발랏과 도비야와 아라비아 사람들과 암몬 사람들과 아스돗 사람들이
예루살렘 성이 중수되어 그 허물어진 틈이 메꾸어져 간다 함을 듣고 심히 분노하여
다 함께 꾀하기를 예루살렘으로 가서 치고 그 곳을 요란하게 하자 하기로
우리가 우리 하나님께 기도하며 그들로 말미암아 파수꾼을 두어 주야로 방비하는데
유다 사람들은 이르기를 흙 무더기가 아직도 많거늘 짐을 나르는 자의 힘이 다 빠졌으니
우리가 성을 건축하지 못하리라 하고
우리의 원수들은 이르기를 그들이 알지 못하고 보지 못하는 사이에
우리가 그들 가운데 달려 들어가서 살륙하여 역사를 그치게 하리라 하고
그 원수들의 근처에 거주하는 유다 사람들도 그 각처에서 와서
열 번이나 우리에게 말하기를 너희가 우리에게로 와야 하리라 하기로
내가 성벽 뒤의 낮고 넓은 곳에 백성이 그들의 종족을 따라 칼과 창과 활을 가지고 서 있게 하고
내가 돌아본 후에 일어나서 귀족들과 민장들과 남은 백성에게 말하기를
너희는 그들을 두려워하지 말고 지극히 크시고 두려우신 주를 기억하고
너희 형제와 자녀와 아내와 집을 위하여 싸우라 하였느니라

chapter 07

연장과 무기를 함께 들고

느헤미야 4:7~23

사면초가 뚫고 나가기

일을 시작하는 것은 쉽지만 그 일을 지속하는 것은 어렵습니다. 특히 일이 진행되고 있을 때, 안으로는 피곤에 지치고 밖으로는 원수들의 방해가 심할 경우에는 더더욱 그렇습니다. 예루살렘 성벽의 재건 작업도 마찬가지였습니다. 갖은 조롱과 비방에도 불구하고 느헤미야는 기도로 분을 삭이고 새 힘을 얻은 뒤 토목 공사를 밀고 나갔습니다. 끊어졌던 부분을 다시 잇고 또 이어서 3킬로미터쯤 되는 성벽 둘레를 연결하는 데 성공했습니다. 하지만 여전히 높이는 반밖에 쌓지 못했습니다. 아직 절반을 더 쌓아 올려야 합니다.

날마다 무거운 돌덩이를 나르고 무너진 흙더미를 치우느라고 유다 백성들은 너나없이 녹초가 되었을 것입니다. 일에 진력날 만도 했겠지요. 이때를 놓치지 않고 원수들의 방해 공작이 다시 시작됩니다. 이제 느헤미야는 땅에 떨어진 백성들의 사기 문제에, 한편으로 원수들의 방해 공작까지 동시에 대처해야만 합니다. 피로가 누적된 상태에서는 일하기가 여간 쉽지 않습니다. 설상가상으로 적들의 공격 소식까지 듣게 되었으니 그야말로 완전히 일손을 놓을 수밖에 없었을 것입니다.

"산발랏과 도비야와 아라비아 사람들과 암몬 사람들과 아스돗 사람들이 예루살렘 성이 중수되어 그 허물어진 틈이 메워져 간다 함을 듣고 심히 분노하여 다 함께 꾀하기를 예루살렘으로 가서 치고 그 곳을 요란하게 하자 하기로."(7~8)

사정없이 언어 폭력을 가했음에도 불구하고 성벽 공사가 척척 진척되고 있다는 소식을 들은 산발랏과 도비야는 격분했습니다. 자기들 뜻대로 되지 않았기 때문이지요. 그래서 이번에는 아라비아 사람들과 암몬 사람들과 아스돗 사람들까지 자기 일당에 가세하도록 만들어서 아예 무력으로 공사를 중단시킬 계획을 세웁니다. 이들 연합군이 한꺼번에 예루살렘에 들이닥쳐 유다 백성들을 큰 혼란에 빠뜨리자는 모의를 한 것이지요. 말로 안 되니까 무력으로 중단시키겠다고 나선 것입니다.

예루살렘 성은 사방에서 공격을 받게 되었습니다. 먼저 산발랏이 이끄는 사마리아 군대는 예루살렘 북쪽에 있습니다. 도비야가 지휘하는 암몬 군대는 예루살렘 동쪽에 있습니다. 아랍 사람들은 남쪽에 있고, 아스돗은 서쪽을 점령하고 있습니다. 그야말로 예루살렘은 동서남북 사방에서 사면초가의 협공을 받게 된 것이지요. 사실 느헤미야는 페르시아의 국왕 아닥사스다의 조서를 받고 왔기에 얼마든지 원수들의 위협으로부터 안전을 보장받을 수 있었습니다. 하지만 느헤미야와 유다 백성들이 아닥사스다 왕에게 반란을 일으키기 위하여 대대적인 성벽 공사를 하고 있기에 반드시 무력으로 진압해야 한다는 보고를 원수들이 올릴 경우, 아닥사스다의 조서는 한낱 휴지조각에 불과할 것입니다.

기 도 → 초 기 대 응 : 경 계 강 화

이번에도 느헤미야는 기도로 위기에 대처합니다. 원수들의 방해 책동을 분쇄하는 첫 번째 전략은 하나님께 기도하는 일이었습니다. 차제에는 홀로 기도한 것이 아니고 온 유다 백성들이 함께 기도했습니다. "우리가 우리 하나님께 기도하며 그들로 말미암아 파수꾼을 두어 주야로 방비하는데."(9) 느헤미야는 언제나 행동하기 전에 먼저 기도부터 했습니다. 하지만 기도만 하고서 그친 것이 아니라 기도 후에는 반드시 실천적인 행동으로 이어졌습니다. 적들의 기습 공격 음모를 간파한 다음 유다 백성들과 함께 기도한 뒤, 곧바로 경비병을 세워 밤낮으로 경계 태세를 갖추었습니다. 초병을 세워 밤낮으로 경계 근무를 하게 한 것은 적들의 기습공격에 대비한 기초적인 군사 대응책이었습니다.

그럼에도 유다인들의 사기는 급격히 떨어지고 있었습니다. 백성들 사이에 패잔병의 노래가 급속히 퍼져 나갔습니다. "유다 사람들은 이르기를 흙무더기가 아직도 많거늘 짐을 나르는 자의 힘이 다 빠졌으니 우리가 성을 건축하지 못하리라 하고."(10) 새번역성경은 이렇게 표현합니다. "흙더미는 아직 산더미 같은데, 짊어지고 나르다 힘이 다 빠졌으니, 우리 힘으로는 이 성벽 다 쌓지 못하리."

아마도 이 노래는 건축 공사에 참여했던 일꾼들의 입에서 흘러나온 민요일 것입니다. 대원군에 의해 경복궁 중건에 차출된 일꾼들이 고달픈 노역에 시달리면서 '아리랑'을 불렀던 것처럼, 예루살렘 성벽 중수 작업에 동원된 일꾼들도 연일 피로가 가중되는 데다가 원수들의 대대적인 공격 소식까지 듣고서는 완전히 체념해서 이 노래를 불렀던 것이지요. 처음 가졌던 거룩한 비전은 겹친 피로와 적들의 공격에 대한 두려움 때문에 점차 소멸되어 가고 있었던 것입니다.

패배자들의 노래가 민간에 유포되자 일꾼들은 하나둘 연장을 놓고 일손을 멈췄습니다. 도와주실 하나님은 보이지 않고 산더미 같은 문제만 크게 보였던 것이지요. 느헤미야의 성벽 재건 공사는 최대의 위기를 만났습니다. 밖에서 쳐들어오는 원수들의 공격이 무서운 것이 아니라, 내부에서 백성들이 스스로 무너지기 시작하는 현실이야말로 정말 견디기 어려운 위기였습니다.

낙심과 패배주의가 예루살렘 성 전체를 휩싸고 있을 때 엎친 데 덮친 격으로 원수들의 침략 소식은 더욱더 가공할 만한 소문으로 번져 갔습니다. "우리의 원수들은 이르기를 그들이 알지 못하고 보지 못하는 사이에 우리가 그들 가운데 달려 들어가서 살륙하여 역사를 그치게 하리라 하고 그 원수들의 근처에 거주하는 유다 사람들도 그 각처에서 와서 열 번이나 우리에게 말하기를 너희가 우리에게로 와야 하리라 하기로."(11~12)

예루살렘 내부에 거미줄 같은 정보망을 갖고 있던 원수들은 유다 백성들의 사기가 땅에 떨어졌다는 소식을 들은 뒤, 유다인들의 숨통을 더욱더 옥죄는 무서운 소문을 퍼뜨리기 시작합니다. 쥐도 새도 모르게 기습 공격을 해서 유다인들을 모조리 학살하겠다는 전략인데, 이 전략이 얼마나 긴박했으면 원수들 근처에 사는 유다인들이 이 소식을 열 번이나 일꾼들에게 알려 주었다고 했겠습니까. '열 번'이라는 히브리 관용어는 10회라는 숫자를 뜻하기보다는 그만큼 많이 했다는 뜻입니다. 어쩌면 건축 공사에 투입된 유다 백성들의 처자식이나 친인척 혹은 친구들이 걱정이 된 나머지 빨리 손을 털고 집으로 돌아오라는 뜻에서 이런 소식을 전해 주었을지도 모릅니다.

일시적 공사 중단→전투태세 돌입→사기 고취→적의 작전 무력화
이제 우리의 관심은 느헤미야가 이와 같은 진퇴양난의 위기를 어떻게 극복했느냐 하는 데 있습니다. 느헤미야는 24시간 초병을 배치해 경계 근무를 서게 하는 것으로는 사태를 해결할 수 없음을 알았습니다. 그래서 잠시 공사를 중단시킨 뒤 삼엄한 전투 태세를 갖추게 합니다. "내가 성벽 뒤의 낮고 넓은 곳에 백성이 그들의 종족을 따라 칼과 창과 활을 가지고 서 있게 하고 내가 돌아본 후에 일어나서 귀족들과 민장들과 남은 백성에게 말하기를 너희는 그들을 두려워하지 말고 지극히 크시고 두려우신 주를 기억하고 너희 형제와 자녀와 아내와 집을 위하여 싸우라 하였느니라."(13~14)

느헤미야는 무장한 군사를 배치할 때 두 가지 전략을 염두에 두고 있습니다. 제일 먼저 가족 단위로 칼과 창과 활을 가지고 무장시켰습니다. 일종의 가족 민병대를 조직해서 우리 가족은 내가 지킨다는 정신으로 임하라는 것이지요. 그 다음, 가족 단위로 무장한 민병대를 왜 하필이면 '성벽 뒤의 낮고 넓은 곳'에 배치했을까요? 낮고 넓은 지역은 적들이 쉽게 공격할 수 있는 가장 취약한 장소이기 때문입니다. 성벽의 위치상 원수들이 가장 쉽게 쳐들어올 수 있는 개방된 곳, 즉 유다인들의 입장에서 보면 가장 취약한 부분인 이곳부터 먼저 대대적인 수비를 하겠다는 전략입니다.

이렇게 전투 태세를 갖추게 한 후 느헤미야는 두려움에 떠는 유다 백성들에게 용기를 불어넣는 일장 연설을 합니다. 요지는 이렇습니다. 첫째, 원수들을 두려워하지 말라. 둘째, 지극히 크시고 두려우신 주를 기억하라. 셋째, 너희 형제와 자녀와 아내와 집을 위하여 싸우라. 원수들보다 훨씬 더 크고 강하신 하나님을 바라보며 다른 사람들이 아닌 내 피붙이의 안위부터 먼저 지킨다는 신념으로 싸우라고 독려한 것이지요.

탁월한 설득력을 가진 느헤미야의 연설은 이번에도 놀라운 효과를 가져왔습니다. 가족 단위의 결속력으로 똘똘 뭉친 민병대가 가장 취약한 곳부터 대대적인 임전 태세를 갖추자 적들도 어찌할 도리가 없었습니다. "우리의 대적이 우리가 그들의 의도를 눈치 챘다 함을 들으니라 하나님이 그들의 꾀를 폐하셨으므로 우리가 다 성에 돌아와서 각각 일하였는데."(15) 적들이 유다 백성들의 무장 배치 소식을 듣고는 기습 공격으로는 승리할 수 없을 것이라는 판단을 내리게 되었던 것입니다.

잠시 일손을 놓고 적들의 기습 공격에 대비하는 가족 단위의 무장 민병대를 가장 취약한 곳에 배치시킴으로 적들의 기습 공격에 대비하는 전략은 뚜렷한 효과를 냈습니다. 적들이 예루살렘 성을 함부로 공격할 수 없다는 사실을 깨달은 것이지요. 그런데 여기에서도 참으로 중요한 사실은 느헤미야가 적들의 궤계가 무너진 이유를 하나님의 도우심으로 믿고 해석한다는 것입니다(15a). 자신의 전략 탓이 아닙니다. 하나님의 은혜 때문입니다. 느헤미야의 한결같은 신앙 자세입니다. 이렇게 해서 발등의 급한 불을 끈 뒤 한숨을 돌린 느헤미야는 위기가 지나가자마자 곧바로 작업을 재개합니다. "우리는 모두 성벽으로 돌아와서, 저마다 하던 일을 계속하였다."(15b, 새번역)

동틀 때부터 별 돋을 때까지 연장과 무기를 손에 들고

적들의 계획이 일단 무산된 뒤 느헤미야가 보여 준 전략이야말로 그의 탁월한 리더십을 그대로 보여 줍니다. 적들이 기습 공격을 포기했다고 해서 결코 방어 태세를 늦추지 않습니다. 정반대로 한층 더 강화시킵니다. 적들의 집요함을 훤히 꿰뚫고 있는 느헤미야로서는 적들이 전혀 예측할 수 없는 방법으로 다시 쳐들어와 성벽 공사를 방해할 수 있다는 사실을 너무나 잘 알고 있었습니다. 그래서 느헤미야는 일꾼들이 빠른 시간 안에 공사를 마무리 지을 수 있도록 효과적인 방어 전략과 작업 전략을 동시에 세웁니다.

제일 먼저 일꾼들을 나누었습니다. "그때로부터 내 수하 사람들의 절반은 일하고 절반은 갑옷을 입고 창과 방패와 활을 가졌고 민장은 유다 온 족속의 뒤에 있었으며 성을 건축하는 자와 짐을 나르는 자는 다 각각 한 손으로 일을 하며 한 손에는 병기를 잡았는데."(16~17)

휘하 부하들의 절반은 공사에 투입하고, 절반은 창과 방패와 활과 갑옷으로 무장한 채 호위에만 전념하도록 했습니다. 민장들, 즉 유다 관리들은 '유다 온 족속의 뒤에 있었다.'고 했는데, 이는 백성들의 뒤에 진을 친 채 현장에서 일하는 일꾼들을 후원하고 독려하도록 했다는 뜻입니다. 그러면서 공사에 뛰어든 일꾼들은 성을 쌓는 자나 짐을 나르는 자나 할 것 없이 한 손으로는 연장을 잡고 일을 하고, 다른 한 손으로는 무기를 잡고 항시 임전 태세를 갖추도록 했습니다. 아마도 이 부분은 문자 그대로 한 손에는 연장을 들었고, 다른 손에는 무기를 들었다고 해석하기보다는, 일을 하면서도 곧바로 전장에 투입될 채비를 했다고 봐야 할 것입니다. 성벽을 쌓는 사람들은 두 손을 다 써야 했기에 허리에 칼을 차고 건축했습니다.(18a)

그런데 참으로 흥미로운 것은 나팔수를 배치했다는 사실입니다. 느헤미야는 나팔수를 바로 자기 곁에 있게 했습니다(18b). 나팔수를 총지휘관인 자기 옆에 배치한 이유는 무엇일까요? "내가 귀족들과 민장들과 남은 백성에게 이르기를 이 공사는 크고 넓으므로 우리가 성에서 떨어져 거리가 먼즉 너희는 어디서든지 나팔 소리를 듣거든 그리로 모여서 우리에게로 나아오라 우리 하나님이 우리를 위하여 싸우시리라 하였느니라."(19~20)

언제라도 적들이 기습 공격을 해 올 수 있는 상황에서 모든 사람들을 한 지점으로 모을 수 있는 신호가 나팔입니다. 3킬로미터쯤 되는 성의 둘레에서 수천 명이 일하다 보면 어느 지점에서 누가 어떤 공격을 당했는지 알 수 없습니다. 바로 그때 숫양의 뿔로 만든 나팔소리는 적의 공격을 알리는 공습 경보의 역할을 합니다. 나팔소리를 들은 사람들은 공격받은 지점으로 신속히 이동해서 적과 싸울 수 있습니다. 이렇게 나팔은 적의 침략이 있을 때마다 백성들을 불러 모으는 비상호출 수단이 되었던 것입니다.

느헤미야는 단결의 원리를 너무도 잘 압니다. 절대로 홀로 싸우려고 하지 말고 함께 싸워야만 승리할 수 있다는 원리입니다. 이렇게 단결이 중요하긴 하지만, 단지 사람들만의 단결로 그쳐서는 안 된다는 사실도 강조합니다. "우리 하나님이 우리를 위하여 싸우시리라 하였느니라."(20b) 유다 백성들이 원수들을 물리칠 수 있는 진정한 비결은 하나님의 도우심에 있다는 신앙이야말로 느헤미야의 전매특허입니다.

한 손에 연장을 들고, 다른 손에 무기를 든 채로 성벽 쌓기를 진행할 때의 분위기는 너무도 박진감 넘칩니다.

"우리가 이같이 공사하는데 무리의 절반은 동틀 때부터 별이 나기까지 창을 잡았으며 그때에 내가 또 백성에게 말하기를 사람마다 그 종자와 함께 예루살렘 안에서 잘지니 밤에는 우리를 위하여 파수하겠고 낮에는 일하리라 하고 나나 내 형제들이나 종자들이나 나를 따라 파수하는 사람들이나 우리가 다 우리의 옷을 벗지 아니하였으며 물을 길으러 갈 때에도 각각 병기를 잡았느니라."(21~23)

적들은 언제든지 호시탐탐 공사를 방해할 기회만 노리고 있습니다. 백성들은 쉽게 사기가 떨어질 수 있습니다. 그래서 느헤미야는 가능한 한 속전속결을 해야만 한다는 신념을 굳혔습니다. 일하면서 싸우고 싸우면서 일한다는 정신으로 성벽 쌓기에 박차를 가하고 또 가했습니다. 어슴푸레한 이른 새벽부터 밤에 총총 별이 보일 때까지 일을 강행했습니다. 북한 주민들이 했다는 '새벽별 보기 운동'이나 '천리마 운동'을 연상시키는 대목이지요. 이렇게 새벽부터 밤늦게까지 일하는 동안 절반은 창을 들고 보초를 서게 했습니다.

흥미로운 부분은 느헤미야가 사람마다 그 종자, 즉 부하들과 함께 예루살렘 성 안에서 자도록 했다는 사실입니다(22). 실제로 성 밖에 사는 사람들이 공사에 많이 동원됐는데 만일 이들이 일을 마치고 밤에 집에 돌아가다가는 적의 공격을 받을 수 있기 때문에 집에 돌아가지 말고 성 안에서 자라고 명령했던 것입니다. 더군다나 원수들의 야간 습격이 있을 경우 부족한 병력을 보충하기 위해서 이러한 조치를 취했던 것으로 보입니다.

느헤미야 자신부터 얼마나 삼엄한 경계 태세를 갖추었는지 느헤미야를 비롯한 모든 사람들이 밤에 잠을 잘 때에도 옷을 벗지 않았다는 사실에서 나타납니다. 언제든지 일어나 곧바로 적의 공격에 대처하기 위해서 그만큼 긴장을 풀지 않았던 것이지요. 심지어 성 밖에 있던 기혼 샘에 물을 길러 갈 때조차도 무기를 들고 다닐 정도로 철통같은 경계 태세를 갖춘 채 공사에 임했던 것입니다.

느헤미야의 위기 대처 리더십

느헤미야의 전략은 흥미롭습니다. 적들의 공격에 대처하는 방식 중의 하나는 선제공격입니다. 적들이 공격해 오기 전에 먼저 공격해서 적을 무력화시키는 방법이지요. 하지만 느헤미야는 이런 무리수를 두지 않았습니다. 왜냐하면 그와 유다 백성들의 일관된 목표는 성벽 재건이지, 적을 타격해서 말살시키는 것이 아니었기 때문입니다. 만일 선제공격을 했더라면 성벽 공사는 고사하고 상당 부분 아군의 인명 손실이 불가피했을 터이고, 이러한 전쟁 소식이 아닥사스다 왕의 귀에 들어갈 경우 자칫 반란 음모로까지 오인되어 느헤미야와 유다 백성들은 목숨까지도 잃을 수 있는 시나리오입니다.

그래서 그런지 느헤미야는 어떻게 하면 적들의 공격을 막아 낼 수 있을까 하는 방어적인 자세로 일관합니다. 하지만 적의 공격에 대해서는 방어적일지 모르지만, 성벽 공사 그 자체에 있어서만큼은 철저히 공격적이었습니다. 하루라도 빨리 끝낼 요량으로 속전속결의 전략을 씁니다. 실로 느헤미야의 기막힌 전략은 하나님께 기도해서 얻은 지혜였습니다.

어떤 위기를 만나더라도 비전과 목표만 분명하면 위기는 극복될 수 있습니다. 그리고 하나님이 우리와 함께 계신다는 확신만 있으면 어떤 두려움도 이길 수 있습니다.

프랭클린 루스벨트$^{Franklin\ D.\ Roosevelt}$(1882~1945) 대통령이 1933년에 경제 대공황 때 했던 말처럼, "우리가 두려워해야 할 단 한 가지는 두려움 그 자체"입니다.

느헤미야 5:1~13

그 때에 백성들이 그들의 아내와 함께 크게 부르짖어 그들의 형제인 유다 사람들을 원망하는데
어떤 사람은 말하기를 우리와 우리 자녀가 많으니 양식을 얻어 먹고 살아야 하겠다 하고
어떤 사람은 말하기를 우리가 밭과 포도원과 집이라도 저당 잡히고 이 흉년에 곡식을 얻자 하고
어떤 사람은 말하기를 우리는 밭과 포도원으로 돈을 빚내서 왕에게 세금을 바쳤도다
우리 육체도 우리 형제의 육체와 같고 우리 자녀도 그들의 자녀와 같거늘 이제 우리 자녀를 종으로 파는도다
우리 딸 중에 벌써 종된 자가 있고 우리의 밭과 포도원이 이미 남의 것이 되었으나
우리에게는 아무런 힘이 없도다 하더라
내가 백성의 부르짖음과 이런 말을 듣고 크게 노하였으나
깊이 생각하고 귀족들과 민장들을 꾸짖어 그들에게 이르기를
너희가 각기 형제에게 높은 이자를 취하는도다 하고 대회를 열고 그들을 쳐서
그들에게 이르기를 우리는 이방인의 손에 팔린 우리 형제 유다 사람들을 우리의 힘을 다하여
도로 찾았거늘 너희는 너희 형제를 팔고자 하느냐
더구나 우리의 손에 팔리게 하겠느냐 하매 그들이 잠잠하여 말이 없기로
내가 또 이르기를 너희의 소행이 좋지 못하도다 우리의 대적 이방 사람의 비방을 생각하고
우리 하나님을 경외하는 가운데 행할 것이 아니냐
나와 내 형제와 종자들도 역시 돈과 양식을 백성에게 꾸어 주었거니와 우리가 그 이자 받기를 그치자
그런즉 너희는 그들에게 오늘이라도 그들의 밭과 포도원과 감람원과 집이며
너희가 꾸어 준 돈이나 양식이나 새 포도주나 기름의 백분의 일을 돌려보내라 하였더니
그들이 말하기를 우리가 당신의 말씀대로 행하여 돌려보내고 그들에게서 아무것도 요구하지 아니하리이다
하기로 내가 제사장들을 불러 그들에게 그 말대로 행하겠다고 맹세하게 하고
내가 옷자락을 털며 이르기를 이 말대로 행하지 아니하는 자는 모두 하나님이 또한
이와 같이 그 집과 산업에서 털어 버리실지니 그는 곧 이렇게 털려서 빈손이 될지로다 하매
회중이 다 아멘 하고 여호와를 찬송하고 백성들이 그 말한 대로 행하였느니라

chapter 08

원망에서 아멘으로

느헤미야 5:1~13

사회적 모순이 돌출되다

성벽 재건 작업은 살얼음판을 걷는 것과 같았습니다. 원수들의 외부 공격이 그런대로 가라앉자 이번에는 내부에서 문제가 생겼습니다. 밖에서 원수들이 퍼붓는 공격은 오히려 유다인들의 결속력을 굳건하게 했습니다. 하지만 내부에서 갈등이 분출할 때 이것은 공동체 전체의 붕괴를 초래할 수 있습니다. 교회 역사만 보더라도 밖에서 오는 도전과 환란은 오히려 교회의 순화와 부흥을 재촉했지만 안에서 일어난 분쟁은 혼란과 쇠퇴를 불러왔습니다.

이제 느헤미야의 성벽 공사는 또 한 차례 심각한 장애물을 만났습니다. 부정부패였습니다. 사회 개혁이 절박해졌습니다. 오랫동안 되풀이해 온 불의와 착취의 관행을 일소하지 않으면 성벽 공사는 무위로 끝날 수도 있습니다. 극단적인 경우 내부의 불만이 폭발되어 너 죽고 나 죽자는 식

개혁지도자 느헤미야 105

의 공멸로 치달을 수도 있습니다. 느헤미야는 지금까지 위기에 빠질 때마다 탁월한 리더십을 보여 왔습니다. 하지만 한참 공사가 진행될 때 벌어진 이 사회 정의와 개혁의 문제야말로 고매한 인격에 기초한 느헤미야의 눈부신 리더십을 다시 한 번 확인해 준 쾌거였습니다.

온 유다 백성들이 성벽을 쌓고 있을 때 더 이상 묵과할 수 없는 일이 터졌습니다. 도저히 건너뛸 수 없는 부자와 빈자 사이의 격차였습니다. 참을 수 없을 정도로 불의가 팽배해 있었습니다. 물론 권력자나 부자에 의한 압제와 착취로 인한 사회적 불의와 경제적 불평등은 어제 오늘의 문제가 아니라 유다 사회의 고질적인 병폐였습니다. 하지만 바벨론 포로생활을 마친 뒤 예루살렘에 귀환한 유다 사회에서 이와 같은 계층 간의 갈등과 대립은 어느 때보다도 첨예했습니다. 해외에서 체류하는 동안 경제적 이윤에 눈을 뜬 상인 출신들이 예루살렘에 유달리 많았기 때문이지요.

성벽 공사를 한참 진행하다가 유다 사회는 기근과 식량난, 그리고 과중한 세금 징수로 인해 사회적 모순이라는 암초를 만났습니다. 가뭄이 계속되면 식량난은 저절로 가중될 수밖에 없습니다. 흉년으로 농작물을 얻을 수 없는데 포로 귀환자들과 그 자녀들의 인구수는 자꾸만 늘어가니 수요와 공급의 불균형으로 식량난은 커질 수밖에 없었던 것이지요. 더욱이 페르시아 제국에 바쳐야 할 공물과 세금은 전혀 줄지 않고 늘어갔으니 그 부담은 이루 말할 수 없었을 것입니다. 더욱이 남자들이 모조리 토목 공사에 동원된 이 시점에서 집에 남은 부녀자들이 감당해야 할 경제적인 압박감은 훨씬 더 심했을 것입니다.

이런 이유로 먼저 아낙네들로부터 원성이 터져 나왔습니다. 엄격한 가부장제 유다 사회에서 여성들이 불만을 표출하는 것은 매우 드문 일인데,

그만큼 사태가 심각했다는 뜻입니다.

그렇다면 좀 더 구체적으로 어떤 문제로 인하여 유다 사회 내부의 갈등이 폭발 직전까지 간 것일까요. 크게 네 그룹의 사람들이 사회적 불의와 경제적 불평등을 견디다 못해 아우성을 쳤습니다.

첫째로, 토지가 없는 사람들입니다. "어떤 사람은 말하기를 우리와 우리 자녀가 많으니 양식을 얻어먹고 살아야 하겠다 하고."(2) 이들은 땅이 없으니 농사를 지을 수 없는 데다가 기근으로 양식을 구하기 어려운 상황이었습니다. 그러나 부양해야 할 식구는 많았습니다. 생계 유지 자체가 어려웠으므로 할 수 없이 느헤미야에게 손을 내민 사람들이지요.

둘째로, 농사지을 토지는 있으나 흉년으로 인해서 곡식을 얻을 수 없게 되자 밭과 포도원과 집을 저당 잡힌 사람들입니다. "어떤 사람은 말하기를 우리가 밭과 포도원과 집이라도 저당 잡히고 이 흉년에 곡식을 얻자 하고."(3) 땅은 있지만 흉작이 계속되고 인플레이션으로 물가가 폭등하자 어쩔 수 없이 재산을 저당 잡히고 양식을 산 사람들이지요.

셋째로, 과도한 세금을 내기 위해서 밭과 포도원을 담보로 돈을 꾼 사람들입니다. "어떤 사람은 말하기를 우리는 밭과 포도원으로 돈을 빚내서 왕에게 세금을 바쳤도다."(4) 페르시아 제국은 예루살렘을 비롯한 속주들에게 해마다 엄청난 양의 공물과 세금을 거두어들였습니다. 이러다 보니 예루살렘 주민들 역시 세금을 내기 위하여 부득불 빚을 내지 않을 수 없었습니다. 그러기에 이들은 밭과 포도원을 담보로 큰 빚을 얻어 페르시아 왕실에 공세를 바친 사람들이지요.

넷째로, 저당 잡힌 밭과 포도원을 다 빼앗긴 채 자신의 아들딸마저 빚을 갚기 위해 노예로 팔아야 할 위기에 처한 사람들입니다. "우리 육체도 우리 형제의 육체와 같고 우리 자녀도 그들의 자녀와 같거늘 이제 우리 자녀를 종으로 파는도다 우리 딸 중에 벌써 종 된 자가 있고 우리의 밭과 포도원이 이미 남의 것이 되었으나 우리에게는 아무런 힘이 없도다 하더라."(5)

아마 네 그룹의 사람들 가운데 벼랑 끝에 몰린 사람들이 이 네 번째 사람들일 것입니다. 이들은 흉작이 들자 백방으로 먹을 양식을 구해야만 했고, 과도한 세금도 납부해야 했기에 어쩔 수 없이 자기 밭과 포도원을 다 저당 잡혀서 빚을 얻었습니다. 하지만 제때에 빚을 갚지 못하자 저당 잡힌 부동산을 채주들에게 빼앗겼습니다. 그래도 빚을 다 청산하지 못하자 이번에는 자식들마저 노예로 내주어야 할 형편이 되었습니다. 특히 아들이 아닌 딸이 종으로 팔렸다는 언급으로 보건대 첩으로, 즉 성적 노리개로 팔려나갔을 가능성도 있습니다. "우리에게는 아무런 힘이 없도다"라는 말에서 굶어 죽든지, 자식을 노예로 팔든지 둘 중에 하나를 선택해야만 하는 이들의 기막힌 신세가 적나라하게 드러납니다.

물론 재산을 담보로 해서 돈을 빌려 주고 꾸는 것이 불법은 아니었겠지요. 또한 정해진 기간 안에 채무를 갚지 못할 때 담보 잡힌 부동산을 압류당하고, 그래도 안 될 경우 아들딸을 노예로 넘겨야 하는 것이 당시로서는 합법적이었을 것입니다. 그럼에도 정말 심각한 문제는 가난한 이들이 이와 같이 극심한 고난을 당하고 있을 때 부자들이 누리는 엄청난 반사 이익입니다. 부유층 사람들은 오히려 이런 극빈층 사람들의 형편을 기화(奇貨)로 고리대금과 같은 수단 등을 최대한 이용해서 부를 축적하는 데 혈안이 되어 있었던 것입니다.

분노 → 숙고 → 개인적 책망 → 대회를 통한 공개적 촉구

그렇다면 이제 우리가 눈여겨보아야 할 대목은 느헤미야가 사회적 모순을 처리하는 방식입니다. 만일 이러한 사회적 모순을 방치할 경우, 유다 공동체는 자멸할 수밖에 없습니다. 정의가 구현되지 않은 평화란 오래 갈 수 없습니다. 물론 이렇게 될 경우 성벽 재건 공사도 실패로 끝날 수밖에 없겠지요. 그래서 느헤미야는 분연히 일어나 정면 돌파를 시도합니다.

백성들의 울부짖는 소리를 들은 느헤미야가 보인 첫 번째 반응은 분노였습니다. "내가 백성의 부르짖음과 이런 말을 듣고 크게 노하였으나."(6) 죄로 인해 분을 품고, 또 분을 폭발하는 것은 잘못이지요. 하지만 거룩한 분노, 혹은 의로운 분노도 있습니다. 하나님의 성품 가운데 한 부분이 의분이며, 예수님을 비롯한 성서의 지도자들 역시 이러한 의분을 보인 때가 있었습니다. 그러므로 부자들이 빈자들을 착취하고 이로써 치부한 소식을 들은 느헤미야가 의분을 폭발한 것은 그의 의로운 성품으로 볼 때 지극히 당연하다 할 것입니다.

하지만 비록 정당한 분노라고 할지라도 이 분노를 어떻게 처리하느냐가 중요합니다. 이와 관련해서 우리는 "깊이 생각하고"(7)라는 구절을 주목해야 합니다. '깊이 생각하다'는 말은 분노라는 감정을 이성적인 차원으로 바꾸는 과정을 암시합니다. 느헤미야는 곧바로 자신의 분노를 여과 없이 폭발시킨 것이 아닙니다. 만일 그럴 경우, 누가 보더라도 그의 분노가 거룩하고 의롭다고 할지라도 감정의 폭발만 가지고서는 사태가 해결될 수 없습니다. 무엇보다도 지배층의 압제와 착취와 관련된 사회적 모순은 분노의 표출만 가지고서는 해결되지 않을 뿐더러 사태를 더 꼬이게 할 수 있습니다.

우리는 국회에서 의원들이 주먹으로 책상을 치고 함부로 고성을 지르는 장면을 자주 목격합니다. 비록 그들의 주장과 분노가 의로운 것이라고 할지라도 그런 식의 직접적인 감정 폭발은 본래 의도와는 달리 일을 그르치게 할 때가 더 많습니다. 느헤미야가 위대한 지도자라는 사실은 그가 이러한 분노를 잘 조절할 줄 아는 침착한 인물이라는 데 있습니다. 그는 분노를 안으로 삭이면서 깊이 생각했습니다. 잠시 감정적인 차원에서 이성적인 차원으로 돌아서는 시간을 가졌다는 말이지요. 분노를 쏟아 놓는다고 해서 문제가 해결되는 것이 아님을 알고 차분히 가라앉히는 시간을 가졌습니다. 이렇게 감정을 자제한 뒤, 느헤미야는 이 엄청난 사회적 모순을 조장하는 데 일차적인 책임이 있는 당사자들을 은밀히 불러 꾸짖기로 작정합니다.

"깊이 생각하고 귀족들과 민장들을 꾸짖어 그들에게 이르기를 너희가 각기 형제에게 높은 이자를 취하는도다 하고."(7a) 사석에서 지배층 인사들의 잘못을 질타한 것이지요. "너희가 각기 형제에게 높은 이자를 취하는도다." 귀족과 민장들, 즉 유다 지도자들이 형제에게 꾸어줄 때 이자를 받지 말라는 율법을 어겼다는 사실(출 22:25; 신 23:19)을 상기시키며, 이들이 폭리를 취한 것은 명백히 잘못이라는 사실을 지적합니다.

이렇게 부유층 인사들을 공개적으로 규탄하기에 앞서, 먼저 사석에서 그들의 잘못을 지적한 것은 예수님의 가르침과도 부합됩니다. "네 형제가 죄를 범하거든 가서 너와 그 사람과만 상대하여 권고하라 만일 들으면 네가 네 형제를 얻은 것이요 만일 듣지 않거든 한두 사람을 데리고 가서 두세 증인의 입으로 말마다 확증하게 하라."(마 18:15~16)

하지만 느헤미야는 이내 이 문제가 개인적인 책망 수준으로 해결될 수 없음을 깨닫고 공개적인 대회를 열기로 결심합니다. 개인적 책망에서 대중 앞에서의 공개적 견책으로 방향을 선회한 것이지요.

"대회를 열고 그들을 쳐서 그들에게 이르기를 우리는 이방인의 손에 팔린 우리 형제 유다 사람들을 우리의 힘을 다하여 도로 찾았거늘 너희는 너희 형제를 팔고자 하느냐 더구나 우리의 손에 팔리게 하겠느냐 하매 그들이 잠잠하여 말이 없기로 내가 또 이르기를 너희의 소행이 좋지 못하도다 우리의 대적 이방 사람의 비방을 생각하고 우리 하나님을 경외하는 가운데 행할 것이 아니냐 나와 내 형제와 종자들도 역시 돈과 양식을 백성에게 꾸어 주었거니와 우리가 그 이자 받기를 그치자 그런즉 너희는 그들에게 오늘이라도 그들의 밭과 포도원과 감람원과 집이며 너희가 꾸어 준 돈이나 양식이나 새 포도주나 기름의 백분의 일을 돌려보내라 하였더니."(7b~11)

느헤미야는 산발랏과 도비야를 비롯한 원수들이 일제히 기습 공격을 해 온다는 소식을 들었을 때 잠시 공사를 중단시킨 채 대대적인 방어 체제를 구축하게 한 적이 있습니다. 이제 사회적인 부조리를 개혁하기 위해서 또 한 차례 일손을 멈추게 한 후 대중 집회를 엽니다. 원수들의 침략에 대비하는 것 이상으로 대대적인 사회 개혁 역시 긴급하다고 보았기에 한시라도 빨리 손을 써야 할 공사를 멈춘 채 급히 대회를 연 것이지요. 아무리 철옹성 같은 성벽이 세워진다고 할지라도 동포가 동포를 압제하고 착취하는 불의가 계속되는 한 그 성벽은 외적이 쳐들어오기도 전에 저절로 무너지기 때문입니다.

드디어 대중 앞에서 느헤미야가 지배층을 향하여 날린 직격탄은 이런 것입니다. 먼저 온갖 고생을 다해서 이방인들에게 종으로 팔려갔던 유다

동포들을 몸값을 치르고 다시 데려왔는데, 부유층이 이제 그 동포들을 또다시 팔아넘기는 죄를 저지르고 있다고 일갈합니다. 이러한 비판이 얼마나 정곡을 찌르는 비판이었는지 귀족들은 꿀 먹은 벙어리처럼 묵묵부답이었습니다. 그동안 잠자고 있던 양심이 기지개를 켜고 일어나 조금씩 죄책감을 느끼기 시작했기 때문이지요.

계속해서 느헤미야는 지배층에게 '이방인들에게 조롱거리가 되지 않으려거든 먼저 하나님을 경외할 것'을 당부합니다. 그런 뒤 가난한 이들에게 돈을 빌려 주는 관행이 얼마나 뿌리 깊고 널리 퍼져 있는가를 자신의 예까지 들어가며 스스로 그 치부부터 드러냅니다. 느헤미야나 친족도, 심지어 부하들까지도 가난한 백성들에게 돈과 곡식을 꿔어주는 관행에 익숙하다는 자기 고백을 한 것이지요.(10) 오랫동안 반복해 온 부당한 관행에 자신과 가족들은 물론이고 심지어 부하들까지도 자유롭지 않다는 불편한 진실을 이실직고하고 있습니다.

하지만 느헤미야의 아름다운 모습은 언제나 홀로 의로운 척, 독야청청하지 않는다는 데 있습니다. 자기 역시 다른 이들이 저지르는 죄를 똑같이 저질렀다는 사실을 솔직하게 고백하면서, 자기부터 먼저 이러한 죄와 과감하게 결별하겠다는 선언을 합니다. 남에게만 엄격한 잣대를 들이대는 것이 아니라 자신의 치부부터 드러낸 뒤 다 함께 회개하고 함께 고쳐야 한다고 호소한 것입니다.

그런 뒤 느헤미야는 우리 모두가 큰 죄책감 없이 답습해 온 관행을 그만두자고 설득합니다. 아무런 죄책감 없이 해 오던 고리대금업을 근절할 것을 촉구합니다. 가난한 이들로부터 빼앗은 밭과 포도원과 올리브 밭과 집을 원주인에게 돌려줄 것을 권유합니다. 또한 돈과 곡식과 새 포도주와 올리브기름을 꿔주고서 받은 이자, 즉 그것들의 100분의 1(월리는 1%, 연리는 12%)을 즉각 돌려주라고 했습니다. 내일이나 다음 달, 혹은 내년에 돌려줄 것을 약속하라고 말하지 않고 지금 당장 시행하라고 재촉합니다.

혁명보다 어려운 개혁이 이루어지다

느헤미야의 연설을 들은 지배층 인사들이 마침내 단안을 내립니다. "그들이 말하기를 우리가 당신의 말씀대로 행하여 돌려보내고 그들에게서 아무것도 요구하지 아니하리이다."(12) 개혁은 혁명보다 어렵다고 하는데 개혁이 이루어지는 순간입니다. 놀라운 기적이 일어난 것이지요! 가난한 백성들을 착취하여 부를 축적한 권력층이 부당하게 얻은 부를 환원하겠다는 것입니다. 이제 가난한 백성들에게 편취해 온 이자는 물론 저당 잡힌 부동산을 압류하는 일도 하지 않겠다는 것입니다. 느헤미야가 당부한 모든 잘못을 시정하겠다고 다짐한 것이지요.

이 세상에서 느헤미야식의 내부 개혁이 일어나는 나라는 흔치 않습니다. 피의 혁명이 일어나거나 강제로 재산을 몰수하지 않는 한 이와 같이 자발적으로 부를 환원하겠다는 것과 부정 축재를 근절하겠다는 약속은 좀처럼 드문 경우입니다. 이것은 느헤미야가 그만큼 백성들에게 신뢰와 존경을 얻었기에 가능했던 일입니다. 느헤미야의 청렴결백과 사심 없는 성품, 올곧은 행실을 상류층이나 하류층이나, 부자나 빈자나, 지배층이나 피지배층이나 모조리 신뢰했기에 이러한 대개혁이 일어난 것입니다.

느헤미야는 지배층 인사들의 결심이 흔들리지 않게 하려고 즉각 제사장들을 불러 모은 뒤 결심한 것을 그 제사장들 앞에서 재차 맹세하도록 했습니다. 사람들 앞에서 한 약속은 언제나 헌신짝처럼 폐기될 수 있으므로 제사장들 앞에서, 즉 하나님 앞에서 재차 서약하라는 뜻입니다. 그러면서 느헤미야는 몸소 자신의 주머니를 터는 일종의 상징적인 퍼포먼스까지 합니다. "내가 옷자락을 털며 이르기를 이 말대로 행하지 아니하는 자는 모두 하나님이 또한 이와 같이 그 집과 산업에서 털어 버리실지니 그는 곧 이렇게 털려서 빈손이 될지로다 하매 회중이 다 아멘 하고 여호와를 찬송하고 백성들이 그 말한 대로 행하였느니라."(13)

옷자락을 터는 행위는 일종의 저주를 상징하는 의식인데, 결심한 것을 실천하지 않는 자들은 마치 호주머니를 털어버리듯이 하나님께 버림을 받아 빈털터리가 될 것이라는 상징 행위입니다. 술 맡은 관원으로서의 느헤미야의 신중하고도 치밀한 성품이 또 한 번 여지없이 재현되는 순간입니다. 느헤미야가 온 유다 백성들 앞에서 이러한 의식을 행하자 백성들은 다 '아멘'으로 화답하고 일제히 하나님을 찬양했습니다. 그리하여 약속은 지켜졌습니다.

부녀자들을 비롯한 백성들의 울부짖음으로 시작된 사회적 부조리가 모든 백성들이 외친 아멘으로, 즉 해피엔딩으로 끝나는 순간입니다. 이렇게 너무도 순조롭게 사회적 모순이 해결되자 백성들은 무의식적으로 하나님을 찬양했습니다. 왜냐하면 오랫동안 양심의 가책 없이 행해져 오던 부당한 관행이 이처럼 극적으로 근절되고 개혁된 것은 사람이 아닌, 전적으로 하나님의 은혜로 된 것임을 깨달았기 때문입니다.

도대체 억눌린 백성들이 한 맺혀 울부짖는 아우성을 부자나 빈자나 가릴 것 없이 공동체 전체의 아멘으로 바꾼 계기는 무엇일까요. 자신의 이기적인 탐욕을 채우기 위해 가난한 이들을 함부로 착취해 오던 지배층을 공개적인 회개로 이끌었을 뿐만 아니라, 일체의 부당한 이득을 환원하도록 했고 다시는 이러한 관행을 되풀이하지 않겠다고 다짐하도록 이끈 비결은 무엇일까요.

두말할 필요도 없이 느헤미야의 '종의 리더십'이 빛을 발했기 때문입니다. 그는 백성들 위에 군림하는 지배자가 아니었습니다. 섬기는 종이었습니다. 일신의 부귀영화가 아닌 하나님의 영광을 위하여, 유다 백성 전체를 위하여 기꺼이 자기와 가족들부터 희생하고자 하는 느헤미야의 진정성이 부패한 지배 집단에게까지도 인정을 받았던 것입니다. 도무지 사심이라고는 찾아볼 수 없는 청백리 느헤미야, 그의 고매한 인격과 청빈한 삶이 유다 공동체 전체에 이토록 깊은 영향력을 미쳤던 것이지요. 느헤미야야말로 예수님의 말씀을 연상시키는 섬김의 지도자였습니다.

"인자가 온 것은 섬김을 받으려 함이 아니라 도리어 섬기려 하고 자기 목숨을 많은 사람의 대속물로 주려 함이니라."(마 20:28)

느헤미야 5:14~19

또한 유다 땅 총독으로 세움을 받은 때 곧 아닥사스다 왕 제이십년부터 제삼십이년까지
십이 년 동안은 나와 내 형제들이 총독의 녹을 먹지 아니하였느니라
나보다 먼저 있었던 총독들은 백성에게서, 양식과 포도주와 또 은 사십 세겔을 그들에게서 빼앗았고
또한 그들의 종자들도 백성을 압제하였으나 나는 하나님을 경외하므로 이같이 행하지 아니하고
도리어 이 성벽 공사에 힘을 다하며 땅을 사지 아니하였고 내 모든 종자들도 모여서 일을 하였으며
또 내 상에는 유다 사람들과 민장들 백오십 명이 있고
그 외에도 우리 주위에 있는 이방 족속들 중에서 우리에게 나아온 자들이 있었는데
매일 나를 위하여 소 한 마리와 살진 양 여섯 마리를 준비하며 닭도 많이 준비하고
열흘에 한 번씩은 각종 포도주를 갖추었나니 비록 이같이 하였을지라도
내가 총독의 녹을 요구하지 아니하였음은 이 백성의 부역이 중함이었더라
내 하나님이여 내가 이 백성을 위하여 행한 모든 일을 기억하사 내게 은혜를 베푸시옵소서

chapter 09

청렴하나 각박하지 않고

느헤미야 5:14~19

성벽을 쌓기 전, 마음의 벽을 무너뜨려라

만리장성은 세계 7대 불가사의 중 하나입니다. 적들이 오르기에는 너무 높고, 무너뜨리기에는 너무 두껍고, 그렇다고 에둘러 돌아서 가기에는 너무 멉니다. 하지만 만리장성이 완공된 후 1세기 동안 꼭 세 차례 뚫렸다고 합니다. 그런데 세 번의 침략이 있을 때마다 야만인들은 단 한 번도 만리장성을 직접 넘거나, 무너뜨리거나, 돌아서 간 적이 없다고 합니다. 난공불락의 철옹성이 어떻게 뚫렸을까요? 문지기의 매수를 통해서였습니다. 적들은 세 차례 모두 문지기를 매수한 뒤 성문 안으로 유유히 들어갈 수 있었습니다. 중국인들은 철석같이 성벽만 의지할 줄 알았지, 성벽을 지키는 문지기들을 훈련시키지 않았던 것입니다.

느헤미야의 성벽 공사도 마찬가지입니다. 제아무리 튼실한 성벽을 쌓아 올린다고 할지라도 성벽보다 중요한 것은 성 안에 사는 사람들입니다다. 사람들이 바로 세워지지 않는 한 성벽은 언제든지 뚫릴 수 있습니다. 적들이 밀고 들어오기 전에 자발적으로 성문을 열어 줄 수 있습니다. 아니 원수들이 공격도 해 오기 전에 이미 내부에서 자멸할 수도 있습니다.

느헤미야는 가난한 백성들의 울부짖는 소리를 듣고서 한시라도 빨리 끝내야 할 성벽 공사보다도 사회 개혁이 훨씬 더 중요하다는 사실을 깨달았습니다. 그래서 일을 중단시킨 뒤 공개 집회를 열었습니다. 포로 귀환이 시작된 이래 오랫동안 예루살렘에서 되풀이되어 온 부당한 관행을 일소하기로 결심했습니다. 가난에 찌들어 돈과 양식이 궁해진 사람들에게 집이나 밭을 저당 잡히게 한 뒤 높은 이자를 붙여 폭리를 취해 온 악습을 뜯어고치고자 한 것이지요.

부유층 인사들이 고리대금을 해서 저당 잡힌 재산을 빼앗고 그 자녀들마저 노예로 끌어내리는 행위는 약자를 보호하라는 하나님의 율법을 어기는 죄였습니다. 하지만 기득권을 누리던 지배층이 느헤미야가 꾸짖는다고 해서 순순히 그 뜻을 따르기는 참으로 어렵습니다. 그럼에도 불구하고 그들은 이러한 부정한 관행을 반복함으로써 빈부격차가 점점 커지는 것이 종국에 가서는 자신들에게도 불리하다는 사실을 깨달았을 것입니다. 그들은 사회 불의와 경제 불평등이 심화된 나머지 내적인 갈등이 폭발할 경우 부유층 자신과 가족들부터 또다시 포로로 잡혀갈 수도 있다는 사실을 절감했던 것 같습니다. 나라가 망하면 돈도, 재산도, 권력도 아무 소용이 없다는 사실을 이미 뼈저리게 체험했기 때문이지요. 그리하여 느헤미야의 설득에 모든 지배층은 신기하리만치 너나없이 하나가 됐습니다. 일대 개혁이 단행되었던 것이지요. 그야말로 영예로운 개혁, 무혈 혁명이 일어났던 것입니다!

총독의 녹을 포기하다

사회 개혁이 이루어진 뒤 느헤미야는 연이어 자신의 개인 간증을 덧붙입니다. 이 부분은 어쩌면 개혁을 단행한 후에 곧바로 백성들에게 한 간증이라고 보기는 어렵습니다. 느헤미야서가 일종의 정치 회고록의 성격을 띤다면 훗날 사회 개혁에 대한 부분을 기록하다 보니 총독생활 12년 동안 자신이 실천해 온 청렴성까지 첨가해 놓은 듯이 보입니다. 어떻게 생각하면 느헤미야가 여기에 굳이 개인적인 이야기까지 삽입한 이유는 개혁 성공의 요인을 자신의 솔선수범에서 찾으려는 의도인지도 모릅니다. 아니면 느헤미야서를 읽는 모든 후진들이 자신의 이런 지도자로서의 자세를 본받으라는 뜻에서 그랬는지도 모를 일입니다.

분명한 사실은 느헤미야가 유다 총독으로 12년 동안 재직하면서 자신은 물론이고 그의 친척들까지 총독의 녹을 먹지 않았다는 것입니다(14). 녹이라 함은 페르시아의 왕으로부터 받는 정당한 급료가 아니라, 총독의 지위로 인해 예루살렘에서 얻는 부수입을 의미하는 것으로 봐야 합니다. 더 정확하게 말해서 '식비 수당'(food allowance), 즉 총독으로서 공무로 접대해야 할 수많은 사람들의 식비와 여흥비 등을 의미합니다. 유다 총독이라면, 오늘로 말한다면 서울시장이나 도지사 정도 되는 위치지요. 그러므로 공무로 인해 총독 공관에 찾아오는 숱한 손님들의 접대와 여흥에 필요한 경비를 충당하기 위해서 얼마든지 예루살렘 주민들에게 세금을 거둘 수 있었습니다. 이와 같이 녹이라 함은 느헤미야가 페르시아 국왕으로부터 받는 정당한 급료가 아닌, 총독으로서 예루살렘 주민들에게 세금을 부과해서 얻을 수 있었던 식량 급여를 의미합니다. 일종의 과외 수입인 셈이지요.

느헤미야는 선배 총독들이 당연시해 온 기존의 관행을 이렇게 서술합니다. "나보다 먼저 있었던 총독들은 백성에게서, 양식과 포도주와 또 은 사십 세겔을 그들에게서 빼앗았고 또한 그들의 종자들도 백성을 압제하였으나 나는 하나님을 경외하므로 이같이 행하지 아니하고."(15) 양식과 포도주와 은 사십 세겔(당시 노동자 한 사람의 나흘 치 품삯)을 백성들로부터 징수하는 것은 총독이 마땅히 누릴 수 있는 권한이었습니다. 그런데 느헤미야는 이 당연한 특권을 스스로 포기했다는 것입니다!

뿐만 아닙니다. 그는 토지를 사들이지도 않았습니다. 3차에 걸쳐 포로 귀환이 진행된 이래, 특히 느헤미야가 예루살렘에 들어와 대대적인 도시정비를 시작했을 때부터 땅값이 폭등했을 것입니다. 이런 시기에 땅을 사두면 나중에 큰 이득을 볼 수 있었겠지요. 아마 느헤미야 시대에는 가난한 이들에게 빚을 내어 줄 때 저당 잡힌 토지를 차지한 부유층 인사들은 그 누구도 강제로 빼앗았다는 말을 하지 않았을 것입니다. 전부 다 합법적으로 취득했다고 주장했을 것입니다. 하물며 유다 총독인 느헤미야가 땅 투기를 한다고 해서 이상한 눈초리로 쳐다볼 사람은 아무도 없었을 것입니다. 당연한 관행일 테니까요. 전임 총독들의 관례로 보건대 아무 저당도 잡지 않고 부동산 투기에도 일절 손을 대지 않는 느헤미야가 오히려 이상했을 것입니다. 그야말로 시대의 이단아로 여겨졌을 것입니다.

부동산 투기에 열을 올리는 대신에 느헤미야는 물론이고 그 부하들조차도 오로지 성벽 쌓는 일에만 매진했습니다. "도리어 이 성벽 공사에 힘을 다하며 땅을 사지 아니하였고 내 모든 종자들도 모여서 일을 하였으며."(16) 나는 새도 떨어뜨릴 총독이 부정부패를 일삼으면 그 밑에 있는 하급 관리들은 한술 더 떠 온갖 부정을 저지를 수 있습니다. 하지만 최고 지도자 느헤미야가 청렴하니 부하들도 어쩔 도리가 없었습니다. "윗물이 맑아야 아랫물도 맑다."는 속담은 옳습니다. 이것은 느헤미야가 예루살렘에 온 것이 돈을 벌어 부귀영화를 누리기 위함이 아니라, 성벽을 쌓기 위함이라는 일관된 목적과 사명감이 있었기 때문입니다.

느헤미야의 청렴결백은 여기에서 그치지 않습니다. "또 내 상에는 유다 사람들과 민장들 백오십 명이 있고 그 외에도 우리 주위에 있는 이방 족속들 중에서 우리에게 나아온 자들이 있었는데 매일 나를 위하여 소 한 마리와 살진 양 여섯 마리를 준비하며 닭도 많이 준비하고 열흘에 한 번씩은 각종 포도주를 갖추었나니 비록 이같이 하였을지라도 내가 총독의 녹을 요구하지 아니하였음은 이 백성의 부역이 중함이었더라."(17~18)

오늘로 치면 서울시장과 같은 위치에 있었으니 느헤미야의 관저에 찾아오는 귀빈들이나 챙겨 줘야 할 관리들이 얼마나 많았겠습니까. 주변 여러 나라에서 방문한 외국 손님들도 있었을 터이고, 유다 사람들과 민장들, 즉 유다 관리들만 해도 매일 150명이 함께 식사를 했다는 것이지요. 이렇게 직무상 어쩔 수 없이 치러야 할 손님 접대만 해도 엄청난 것이었습니다. 하루에 황소 한 마리, 기름진 양 여섯 마리, 닭도 여러 마리를 잡아야 했고, 열흘에 한 번씩은 각종 포도주도 보충해야만 했습니다.

솔로몬의 식품 목록(왕상 4:22~23)에 비하면 지극히 소박한 식탁이었겠지만, 청빈을 업으로 삼아온 느헤미야로서는 이것도 과중한 부담이었을 것입니다. 하지만 느헤미야는 직무상 어쩔 수 없이 해야 할 이 기본적인 부담조차도 백성들에게 짐을 지우지 않으려고 애썼습니다. 예전의 총독들은 이런 종류의 경비를 모조리 백성들을 토색해서 얻은 세금으로 충당했는데, 자신은 그렇게 하지 않았다는 것입니다. 그렇다면 이러한 경비를 자신의 호주머니, 즉 개인 자금이나 수산 성에서 제공하는 총독의 급료에서 빼내 스스로 충당했다는 말이 될 것입니다.

청렴하나 각박하지 아니하고

느헤미야는 페르시아의 왕으로부터 받는 월급은 정당하게 받았지만, 총독으로서 당연히 얻을 수 있는 부수입이나 과외 수입을 포기했습니다. 이전 총독들이 손님 집대에 필요한 일체의 경비를 백성들을 착취한 돈으로 해결했는데, 느헤미야는 그런 관행을 스스로 거부했다는 것입니다. 또한 공관에 찾아오는 손님들을 접대했다는 대목도 눈여겨봐야 합니다. 물론 대부분 공사나 업무와 관련해서 마땅히 대접해야 할 사람들이었겠지요. 만일 느헤미야가 이마저 거부했다면 청렴하기는 하나, 아주 각박한 지도자가 되어 인심을 잃을 수도 있었을 것입니다. 느헤미야는 힘이 닿는 한 공무와 관련된 식객들을 잘 대접하려고 했던 활수한 지도자였습니다.

「목민심서」의 제2부 '율기'(律己), 즉 자기 자신을 엄격하게 다스려야 할 조항에서 정약용은 유독 목민관의 청렴성을 강조합니다. 하지만 오로지 자신의 명예만을 드러내기 위해서 지나치게 청렴강직만 강조하는 폐단도 엄히 경계합니다. 오로지 청렴에만 초점을 둔 나머지 지나치게 각박하게 굴면 이 역시 인심을 잃을 수 있다는 지혜이지요. 다산은 지나치게 청렴하여서 각박한 경우의 예를 하나 듭니다.

북제(北齊)의 고위관리였던 고적사문(庫狄士文)은 성질이 얼마나 꼿꼿하고 모진지 국가의 봉급을 받지 않았습니다. 그는 아들이 관청 주방의 음식을 먹었다고 해서 옥에 가두고 곤장을 200대나 때린 후 걸려서 서울로 돌려보냈습니다. 또한 하급 관리들에게 곡식 한 말의 부정부패도 용납하지 않아 귀양 보내서 풍토병으로 죽은 사람들의 수가 1,000명이나 되었다고 합니다. 결국 임금이 이 소문을 듣고 청렴하기는 하나 각박하기 짝이 없는 그를 파면시키고 말았다는 이야기가 있습니다.

다산은 이와 같이 과도한 청렴성을 경계하면서 정선(鄭瑄) 선생의 말을 인용합니다. "전에 어른들의 말씀을 들으니 상관이 탐욕스러우면 백성은 그래도 살 길이 있으나, 청렴하면서 각박하면 곧 살길이 막힌다 하였다. 옛날이나 지금이나 청렴한 관리의 자손이 많이 떨치지 못하는 것은 바로 그 각박함 때문이다."

느헤미야 역시 철저한 현실주의자였기 때문에 최소한 총독으로서 국왕에게 받아야 할 기본 급료는 받았습니다. 다만 이전 총독들이 해 오던 관행과 달리 직무상 마땅히 대접해야 할 국빈들과 관리 150명 정도의 식사 접대비를 자신의 사비로 해결했다는 것이 다릅니다. 만일 그가 총독의 월급마저 받지 않았다면 꼼짝없이 굶어야 했을 테고, 그 결과 자신의 의도와는 상관없이 백성들에게 더 큰 신세를 져야만 했을지도 모릅니다. 그러므로 느헤미야가 자신의 월급마저 모조리 포기했다면 그야말로 앉은 자리에 풀 한 포기 나지 않는, 청렴하기는 하나 아주 각박하기 짝이 없는 지도자가 되고 말았겠지요. 이처럼 청렴한 것은 좋으나 각박해서 인심을 잃을 정도가 되어서는 안 될 것인데, 느헤미야는 그런 수위를 조절할 줄 아는 지혜로운 지도자였습니다.

경건과 자비의 화신

등대는 요란한 소리를 내지 않습니다. 어두운 밤바다를 홀로 소리 없이 비출 뿐입니다. 느헤미야의 인격에서 뿜어 나오는 도덕성의 후광이 부정부패에 찌든 예루살렘의 밤하늘을 환히 비추었습니다. 그런데 느헤미야는 왜 전임 총독들이 너무도 당연하게 답습해 오던 관행을 스스로 포기했을까요?

첫째, 하나님을 경외했기 때문입니다. "나는 하나님을 경외하므로 이같이 행하지 아니하고."(15b) 그의 도덕성은 신앙에 뿌리를 박고 있었던 것입니다. 느헤미야의 신앙이야말로 '사랑으로써 역사하는 믿음'(갈 5:6)이었습니다.

둘째, 백성을 뜨겁게 사랑했기 때문입니다. "이 백성의 부역이 중함이었더라."(18b) 지금까지 살펴본 것처럼, 느헤미야는 할 수 있는 한 총독의 특권을 버리고 백성들과 동고동락해 왔습니다. 성벽 공사를 위해 부역을 시키는 것도 미안한 일인데, 어떻게 식비나 유흥비를 마련하기 위해 백성들에게 더 큰 부담을 줄 수 있겠느냐는 애민(愛民) 사상 때문에 이번에도 스스로 특권을 포기했던 것이지요.

느헤미야는 위로 하나님을 경외했고, 아래로 이웃을 사랑했습니다. 존 웨슬리$^{John\ Wesley}$(1703~91)의 말대로 한다면 수직적인 '경건'(piety)과 수평적인 '자비'(mercy)를 두루 갖춘 참 신앙인이 느헤미야였던 것이지요. 그런데 이 경건과 자비야말로 느헤미야의 인격과 성품 안에 깊숙이 내장된(inbuilt) 인격적인 특질입니다. 바로 이러한 신앙인격에서 우러나온 도덕성이 일반 백성들뿐만 아니라 부정부패를 답습해 오던 집권층의 마음까지도 흔들어 감동을 주었던 것입니다.

느헤미야는 하나님을 경외하고 유다 백성들을 사랑한 나머지 성벽을 재건하기 위해 예루살렘에 왔습니다. 자신의 이름을 날리거나 치부하기 위해서 오지 않았습니다. 자신의 왕국을 건설하려 하지 않았습니다. 이런 점에서 느헤미야는 철두철미 공복(公僕)이었습니다. 사리사욕이나 챙기고 사람들의 칭찬이나 인기를 탐한 사람이 아니었습니다.

그러기에 결론부에 나오는 기도야말로 사람이 아닌, 오직 하나님의 인정만을 기대하는 하나님의 종이요 진정한 공복인 느헤미야만이 드릴 수 있는 지극히 당연한 기도입니다. "내 하나님이여 내가 이 백성을 위하여 행한 모든 일을 기억하사 내게 은혜를 베푸시옵소서."(19)

느헤미야 6:1~19

산발랏과 도비야와 아라비아 사람 게셈과 그 나머지 우리의 원수들이 내가 성벽을 건축하여
허물어진 틈을 남기지 아니하였다 함을 들었는데 그 때는 내가 아직 성문에 문짝을 달지 못한 때였더라
산발랏과 게셈이 내게 사람을 보내어 이르기를 오라
우리가 오노 평지 한 촌에서 서로 만나자 하니 실상은 나를 해하고자 함이었더라
내가 곧 그들에게 사자들을 보내어 이르기를 내가 이제 큰 역사를 하니 내려가지 못하겠노라
어찌하여 역사를 중지하게 하고 너희에게로 내려가겠느냐 하매
그들이 네 번이나 이같이 내게 사람을 보내되 나는 꼭 같이 대답하였더니
산발랏이 다섯 번째는 그 종자의 손에 봉하지 않은 편지를 들려 내게 보냈는데
내가 백성의 부르짖음과 이런 말을 듣고 크게 노하였으나
깊이 생각하고 귀족들과 민장들을 꾸짖어 그들에게 이르기를
너희가 각기 형제에게 높은 이자를 취하는도다 하고 대회를 열고 그들을 쳐서

⋮

chapter 10

인신공격을 물리치다

느헤미야 6:1~19

우두머리를 쓰러뜨려라

내우외환을 차례로 극복해 내면서 느헤미야는 성벽 공사에 더욱 박차를 가했습니다. 드디어 무너진 곳을 다 이어서 거의 성벽이 완성되었습니다. 이제 각 성문의 문짝만 만들어 달면 공사는 끝이 납니다(1). 하지만 10개 정도의 문에 일일이 문짝을 만들어 다는 일이 만만치 않습니다. 어쨌건 말도 많고 탈도 많았던 성곽 축조 공사가 막바지에 이르렀습니다. 약 90%의 공정이 완료되었다고 볼 수 있지요. 하지만 외부의 적들이 완공을 그냥 지켜볼 리 만무합니다. 새벽이 찾아오기 전이 가장 어둡다고, 적대자들은 완공을 앞두고 남아 있는 10%의 공정을 방해하려 최후의 발악을 합니다.

그도 그럴 것이 성벽을 쌓아 올려 무너진 틈새를 다 이어 놓았다고는 하나, 10개의 성문을 달지 않았다면 공사는 미완성일 뿐입니다. 왜냐하면 적들이 성벽을 타고 넘어오기 전에 문짝이 없는 성문 안으로 들어올 수 있기 때문이지요. 그러므로 원수들 입장에서 본다면 유다 백성들이 문짝을 달기 전에 마지막 총공세를 펼쳐야만 했습니다.

마지막 공격은 총지휘관인 느헤미야 개인을 겨냥합니다. 그동안의 방해 공작은 주로 유다 민족 전체를 향한 것이었는데, 이제는 전략을 바꿉니다. 한창 전투가 벌어지는 상황에서 대장 한 사람을 넘어뜨리면 승리는 따 놓은 당상입니다. 풋볼 경기에서 쿼터백 한 사람을 쓰러뜨리면 손쉽게 이길 수 있습니다. 테러범들이 노리는 제1의 표적도 국가원수입니다. 최고 통수권자를 암살하면 단번에 목표를 달성할 수 있기 때문이지요. 적들도 이제는 느헤미야를 제거하는 쪽으로 방향을 바꿉니다. 느헤미야를 없애야만 목적을 이룰 수 있고, 그동안 흠집난 자존심도 회복할 수도 있다고 판단했기 때문입니다.

그동안 산발랏과 도비야 일당은 성벽 공사를 방해하기 위하여 온갖 방법을 다 써봤습니다. 조롱과 비난과 같은 심리 전술도 써봤고, 어떤 때에는 기습 공격이라는 무력전까지 시도해 봤지만 모두 실패했습니다. 그때마다 느헤미야는 조금의 흔들림도 없이 잘도 막아 냈습니다. 이제 원수들은 이와 같은 폭력적인 방법으로는 상대방을 이길 수 없음을 알고서 유화전술을 써서 느헤미야에게 최후의 일격을 가하려고 합니다. 공사가 거의 끝나갈 무렵에 찾아온 유화 제스처는 아마도 느헤미야가 가장 견디기 어려운 유혹이었을 것입니다.

평화를 위한 정상회담을 열자

"산발랏과 도비야와 아라비아 사람 게셈과 그 나머지 우리의 원수들이 내가 성벽을 건축하여 허물어진 틈을 남기지 아니하였다 함을 들었는데 그

때는 내가 아직 성문에 문짝을 달지 못한 때였더라 산발랏과 게셈이 내게 사람을 보내어 이르기를 오라 우리가 오노 평지 한 촌에서 서로 만나자 하니 실상은 나를 해하고자 함이었더라."(1~2)

정상회담을 열어 대화를 통해서 화친조약을 맺자는 제안입니다. 여기 '오노' 들판은 예루살렘에서 북서쪽으로 약 20마일(약 32킬로미터) 떨어진 곳입니다. 산발랏이 총독으로 있는 사마리아 국경 바로 밑에 위치한 변방 지역이지요. 그러므로 이 오노 지역은 예루살렘이나 사마리아 양쪽에서 볼 때 모두 등거리(等距離)에 있습니다. 우리나라로 치면 판문점과 같이 양쪽 누구에게도 유리할 것이 없는 중립 안전지대라고 할 수 있습니다.

"오노에서 정상회담을 열어 문제를 평화적으로 해결하자." 참 매력적인 제의입니다. 만일 이러한 제의가 공사 초기에 들어왔다면 느헤미야는 그 저의를 의심할 수밖에 없었을 것입니다. 뭔가 수작을 부려서 공사 자체를 방해하려는 음모가 있다고 생각했을 것입니다. 하지만 공사가 거의 끝난 마당에 찾아온 협상 제의는 적들이 자신의 패배를 시인하면서 평화롭게 지내자는 의도로 생각할 수 있으므로 얼마든지 수락할 수 있습니다. 적들이 네 번이나 이런 제안을 했다는 것으로 보아 다급해진 쪽은 느헤미야가 아니라 적들이라 해석할 수 있습니다. 더욱이 싸우는 것에 진력도 날 법했기에 느헤미야로서는 더더욱 화친조약이 아쉬운 판입니다. 하지만 느헤미야는 일언지하에 거절합니다. 왜일까요?

첫째로 느헤미야는 적들의 저의를 간파했습니다. "실상은 나를 해하고자 함이었더라."(2b) 평화협상을 제안한 이들은 산발랏과 게셈 일당입니다. 느헤미야가 예루살렘에 도착한 순간부터 적개심에 불타 온갖 방해 공작을 저질러 온 이들이 하루아침에 돌변한 마음을 느헤미야는 믿지 않았습니다. 암살 음모가 은폐되어 있음을 즉각 간파해 냈던 것이지요. 자신을 유인하여 쥐도 새도 모르게 죽이려고 하는 흉계를 눈치 챘습니다. 느헤미야의 분별력이 또 한 차례 빛을 발휘하는 순간입니다! 술 맡은 관원으로서 왕을 독살하려는 그 어떤 음모도 미리 알아내고야 마는 기지를 또 한 번 발휘한 것이지요.

둘째로 느헤미야는 성벽 공사가 아직 완전히 끝나지 않았다는 사실을 놓치지 않았습니다. 평화협상이 다름 아닌 산발랏과 게셈과 같이 부적절한 인사들로부터 왔으니, 정상회담의 시기가 적절치 못하다는 판단을 내린 것이지요. "내가 곧 그들에게 사자들을 보내어 이르기를 내가 이제 큰 역사를 하니 내려가지 못하겠노라 어찌하여 역사를 중지하게 하고 너희에게로 내려가겠느냐 하매."(3) 성벽은 다 쌓았지만 아직 성문을 달지 못했습니다. 그러므로 아직은 정상회담을 고려할 시기가 아닙니다. 이처럼 느헤미야는 시종일관 자신의 목표를 잊지 않고 있습니다. 그 목표란 당연히 성벽 재건을 완료하는 것이며, 제아무리 좋은 제안이라고 할지라도 이 목표가 이루어지기 전까지는 다른 일에 신경을 쓸 수 없다는 입장입니다.

예루살렘에서 오노 들판까지는 하룻길입니다. 그곳에서 회담을 열려면 하루가 걸리겠지요. 돌아오려면 또 하루가 걸립니다. 그러기에 오노 정상회담은 사흘이 걸리는 행사입니다. 느헤미야는 문짝을 달아야 할 중대한 과제가 코앞에 있는 상태에서 일주일의 절반을 이 회담을 위해 쓸 수 없다는 사실을 분명히 했습니다. 적들은 네 차례나 느헤미야를 공사장에서 끌어내려고 했지만 그때마다 느헤미야는 공사판을 떠날 수 없다는 이유로 "Oh, No!"(오노)라고 답했습니다.

악성 유언비어를 유포하다

느헤미야를 고립시켜 암살하려던 계획은 수포로 돌아갔습니다. 그러자 이번에는 고도의 악성 루머를 퍼뜨려 느헤미야를 매장시키려고 합니다. "산발랏이 다섯 번째는 그 종자의 손에 봉하지 않은 편지를 들려 내게 보냈는데 그 글에 이르기를 이방 중에도 소문이 있고 가스무도 말하기를 너와 유다 사람들이 모반하려 하여 성벽을 건축한다 하나니 네가 그 말과 같이 왕이 되려 하는도다 또 네가 선지자를 세워 예루살렘에서 너를 들어 선전하기를 유다에 왕이 있다 하게 하였으니 지금 이 말이 왕에게 들릴지라 그런즉 너는 이제 오라 함께 의논하자 하였기로."(5~7)

말로 하는 것보다 문서로 기록할 때 훨씬 내용의 신빙성이 있습니다. 항간에 떠도는 소문이 일간 신문에 기사화되고 인터넷에 오를 때 훨씬 더 믿게 되는 이치입니다. 네 차례의 유인 납치 계략이 실패하자 그들은 공개서한을 통하여 느헤미야가 역모를 꾀한다는 소문을 퍼뜨립니다. 여기 '봉하지 않은 편지'는 사마리아에서 예루살렘까지 전달되는 동안 수십 번도 더 읽혀졌을 것입니다. 그러잖아도 느헤미야가 아닥사스다 왕에게 반란을 일으키기 위하여 성벽을 쌓는다는 소문이 암암리에 퍼져 있던 차에 아예 소문보다 훨씬 더 무게가 있도록 문서로 이 사실을 알릴 때 세상에 미치는 파급 효과는 엄청났을 것입니다.

산발랏이 보낸 공개서신은 세 가지 중요한 정보를 담고 있습니다. 첫째, 느헤미야와 유다 사람들이 모반을 일으키려고 한다는 소문이 널리 퍼져 있다는 것입니다. 이 사실에 대한 증인으로서 가스무, 즉 아랍 사람 게셈(2:19)의 이름까지 구체적으로 거명합니다. 둘째, 느헤미야가 유다의 왕이 되려고 한다는 것입니다. 셋째, 느헤미야가 선지자들을 세워서 유다에도 왕이 있다고 선전하고 다닌다는 것입니다. 선지자를 내세워 왕을 옹립하는 것은 포로기 이전에 왕을 세우는 과정이었습니다. 예컨대 사무엘 선지자가 사울과 다윗을 왕으로 세우는 과정과 같은 것이지요.

누가 보더라도 편지의 내용은 유언비어요, 악의에 찬 중상모략입니다. 느헤미야를 죽이기 위하여 철저히 날조된 소문이지요. 그럼에도 불구하고 공개된 편지는 그것을 읽는 사람마다 무의식적으로 믿게 되는 기이한 속성이 있습니다. 게다가 아무도 그 내용의 진위 여부에 대해서 반박해 줄 사람이 없다는 것이 더 큰 비극입니다. 오늘날 인터넷에 떠도는 "~카더라" 하는 식의 유언비어와 똑같은 이치이지요. "아니 땐 굴뚝에 연기 날까." "아니면 그만이고." 진위를 가리려는 사람도, 책임지려는 사람도 없이 대중은 그저 쉽게 믿어 버리고 열심히 퍼 나르기에 바쁩니다. 그러므로 이러한 유언비어의 최대 피해자는 느헤미야 자신입니다.

중요한 것은 산발랏이 이른바 유언비어의 파괴력을 누구보다 잘 알았기에 최대한 느헤미야로 하여금 자신을 만나지 않을 수 없도록 옥죄는 데 그 목적이 있었습니다. 실제로 이러한 소문이 증폭되어 떠돌아다니다가 마지막으로 아닥사스다 왕의 귀에까지 들어가겠지요. 산발랏은 바로 이 점을 직시하고 느헤미야를 압박합니다. "지금 이 말이 왕에게 들릴지라 그런즉 너는 이제 오라 함께 의논하자."(7b)

물론 페르시아의 왕은 느헤미야를 신뢰하기에 이런 소문을 근거 없는 것으로 일축할 수도 있습니다. 하지만 느헤미야를 소환해서 얼마든지 진위 여부를 심문할 가능성도 있습니다. 그럴 경우 느헤미야는 예루살렘을 여러 달 동안 비워야 하고 그 사이에 성문을 다는 마무리 작업이 중단되는 것은 물론이고 적들이 쳐들어와 그토록 고생해서 쌓아 올린 성벽을 일거에 무너뜨릴 수도 있습니다.

지도자는 이와 같이 터무니없는 인신공격을 받을 때 어떻게 대처해야 할까요. 사실 느헤미야는 당장이라도 오노 들판에 달려가서 적들에게 자신의 결백성을 설명하고 이러한 괴담이 가라앉도록 협조를 구할 수도 있었습니다. 하지만 느헤미야는 이번에도 특유의 신중함을 잃지 않았습니다. 적들이 설치해 놓은 올무에 빠지지 않고 정면 대응을 통해서 적들의 흉계를 물리칩니다. "내가 사람을 보내어 그에게 이르기를 네가 말한바 이런 일은 없는 일이요 네 마음에서 지어낸 것이라 하였나니."(8) 산발랏이 말한 것은 하나도 진실이 아니라고 반박하는 정공법을 쓴 것이지요. 적들이 제멋대로 상상해서 꾸며 낸 것이라는 말입니다. 그는 지체하지 않고 맞받아칩니다. 잠시라도 꾸물거리고 대꾸를 하지 않으면, 반역을 일으켜 유다의 왕이 되려고 성벽을 쌓는다는 소문이 기정사실화될 수 있기 때문에 즉각 반박한 것입니다.

중상모략을 당할 때 때로 묵묵히 참는 것도 좋은 해결책이 될 수 있지만, 날조된 소문이 진실처럼 걷잡을 수 없이 퍼져나갈 때는 즉시 진실이 아님을 선언하는 용기도 필요합니다. 느헤미야는 원수들이 악성 루머를 마구 퍼뜨리는 저의를 정확하게 간파해 냈습니다. "이는 그들이 다 우리를 두렵게 하고자 하여 말하기를 그들의 손이 피곤하여 역사를 중지하고 이루지 못하리라 함이라."(9) 느헤미야와 유다 백성들이 지레 겁을 먹고 공사를 중단하여 끝내 완성하지 못하도록 공갈협박을 했다는 것입니다.

여기에서 느헤미야는 또 한 차례 간단한 기도를 드립니다. "이제 내 손을 힘있게 하옵소서."(9b) 원수들의 흉계를 물리칠 수 있는 힘을 달라고 기도한 것입니다. 아닥사스다 왕을 비롯한 세상 사람들이 산발랏이 퍼뜨린 소문을 더 믿을는지, 아니면 느헤미야의 말을 더 믿을는지는 하나님의 손에 달려 있다는 사실을 인정하고 하나님의 도움을 구하고 있는 것이지요. 이와 동시에 적들의 그 어떠한 협박에도 굴하지 않고 오로지 공사에만 매진할 수 있는 힘을 달라고 기도했을 것입니다.

성소로 도망치자

평화적인 협상을 하자는 제의도, 악성 루머와 협박을 통해서 회담장에 강제로 유인하려는 계략도 차례로 실패하자 이제 원수들은 최후의 수단을 씁니다. 느헤미야로 하여금 공신력을 잃게 해서 아예 사회적으로 매장을 당하도록 만드는 악랄한 수법이지요. 사실 이러한 수법은 종교적인 탈을 쓰고 있기에 가장 간교하면서 가장 분별해 내기 어려운 음모입니다. 다름 아닌 느헤미야의 인격 전체가 걸려 있는 신앙에 흠집을 내서 하나님으로부터 버림받고 사람들로부터도 비난을 받게 만드는 전략입니다.

"이 후에 므헤다벨의 손자 들라야의 아들 스마야가 두문불출하기로 내가 그 집에 가니 그가 이르기를 그들이 너를 죽이러 올 터이니 우리가 하나님의 전으로 가서 외소 안에 머물고 그 문을 닫자 저들이 반드시 밤에 와서 너를 죽이리라 하기로 내가 이르기를 나 같은 자가 어찌 도망하며 나 같은 몸이면 누가 외소에 들어가서 생명을 보존하겠느냐 나는 들어가지 않겠노라 하고."(10~11)

제사장이요 선지자였던 스마야가 등장합니다. 이 사람이 오랫동안 문밖 출입을 하지 않자 느헤미야가 그 집으로 찾아갑니다. 이로 보건대 스마야는 느헤미야가 평소에 신뢰하고 존경하는 종교 지도자였던 것 같습니다. 문제는 스마야가 오랫동안 칩거하는 중이었다는 사실입니다. 선지자는 뭔가 특별한 계시를 받을 때에나, 아니면 심중에 괴로움이 있을 때에 칩거합니다. 하지만 스마야는 두려움을 가장하기 위하여 두문불출했습니다. 아니면 느헤미야가 제사장의 보호를 받고자 자기 집으로 도망쳐왔다는 소문이 나도록 일부러 그렇게 할 수도 있었습니다. 중요한 것은 느헤미야가 스마야의 집을 찾아갔을 때 그가 쏟아 놓은 신탁(神託)과 제안입니다. "하나님의 성전으로 갑시다. 성소 안으로 들어가서, 성소 출입문들을 닫읍시다. 자객들이 그대를 죽이러 올 것입니다. 그들이 밤에 와서, 반드시 그대를 죽일 것입니다."(11b, 새번역)

원수들이 보낸 자객들이 오늘밤 느헤미야를 죽이려고 한다는 정보가 입수되었으므로 빨리 성전으로 피하자고 권유합니다. 스마야는 단지 소문만 전하는 것이 아니라 하나님이 자신의 입을 빌려서 말씀하시는 것처럼 예언자적 신탁의 흉내까지 냅니다. 느헤미야와 같이 믿음이 좋은 사람에게 평소에 존경하던 선지자가 "단순한 풍문이 아니라 하나님이 이런 계시를 주셨다."는 말을 한다면 참으로 심각한 일임에 틀림없습니다. 느헤미야는 틀림없이 일순간 엄청난 갈등과 혼란에 빠졌을 것입니다. 하지만 느헤미야의 분별력은 이번에도 예외 없이 빛이 납니다.

느헤미야는 스마야의 말 속에 두 가지 함정이 있음을 알아차렸습니다. 첫째로 성벽 공사나 백성들의 안위보다 자신의 안위를 먼저 앞세워 도망치라는 유혹이 영 석연치 않았습니다. 그래서 느헤미야는 직설적으로 대꾸합니다. "나 같은 자가 어찌 도망하며."(11a) "나 같은 사람더러 도망이나 다니란 말입니까?" 자신은 자기 한 목숨을 건지기 위하여 도망이나 다니는 비겁한 사람이 아니라는 말이지요. 느헤미야는 자신이 비겁함을 보이면 자기를 믿고 따르는 유다인들의 사기가 크게 떨어질 것이라는 사실을 누구보다 잘 알고 있었습니다. 사자는 절대로 사자이어야지, 토끼가 될 수 없다는 당당한 기백이지요.

둘째로 율법을 어기라는 유혹이 마음에 걸렸습니다. 느헤미야는 제사장도, 레위인도 아닙니다. 율법은 느헤미야와 같은 평신도가 성전에 들어가는 것을 엄격히 금합니다(민 3:10, 18:7). 오로지 제사장만이 성소에 들어갈 수 있었습니다. 웃시야는 왕이었음에도 불구하고 성전 안에 들어갔다가 나병에 걸린 적이 있습니다(대하 26:16~21). 그러므로 설령 목숨을 보존해야 한다는 명목이라고 할지라도 느헤미야와 같은 평신도가 성전에 들어가는 것은 명백히 율법을 어기는 행위요, 신성 모독죄를 저지르는 것입니다.

이런 이유로 느헤미야는 스마야의 권유를 단호히 거절합니다. "나 같은 몸이면 누가 외소에 들어가서 생명을 보존하겠느냐 나는 들어가지 않겠노라 하고."(11b) "나 같은 사람이 성소에 들어갔다가는 절대로 살아나올 수 없습니다. 나는 그렇게는 못합니다." 일신의 안전을 위해서 잠시라도 하나님의 말씀을 어기는 행위를 하지 않겠다는 것이지요. 느헤미야가 이렇게 용기 있는 선택을 할 수 있었던 것은 그의 탁월한 분별력 때문입니다. 이러한 권유가 제아무리 느헤미야의 안전을 생각해서 나온 호의라 할지라도 그는 그것이 하나님이 아닌, 사람의 얕은 잔꾀로부터 나온 것임을 알아챘습니다. 게다가 이러한 권유 뒤에 숨어 있는 무서운 음모를 정확히 꿰뚫고 있었습니다.

"깨달은즉 그는 하나님께서 보내신 바가 아니라 도비야와 산발랏에게 뇌물을 받고 내게 이런 예언을 함이라 그들이 뇌물을 준 까닭은 나를 두렵게 하고 이렇게 함으로 범죄하게 하고 악한 말을 지어 나를 비방하려

함이었느니라."(12~13)

느헤미야가 스마야의 권유를 물리칠 수 있었던 것은 그가 거짓 선지자라는 사실을 가려냈기 때문입니다. 그토록 신뢰하던 스마야조차 원수들에게 뇌물을 받고 매수되었던 것입니다. 스마야로 하여금 거짓 예언을 하게 해서 느헤미야가 겁을 먹고 성소를 범하는 죄를 짓게 하려는 흉계를 꾸몄던 것입니다. 만일 느헤미야가 이러한 덫에 말려 들어가면 그동안 모든 지도력의 초석이 되어 온 종교적 기반이 일거에 무너지고 맙니다. 명예와 공신력이 땅바닥에 떨어져 느헤미야는 지도력을 행사할 수 없는 식물인간이 되고 말 것입니다. 느헤미야는 이와 같이 보통 사람이 가려내기 어려운, 신앙을 가장한 가장 그럴듯한 음모에도 넘어가지 않았습니다. 그 비결은 느헤미야의 고매한 인격과 탁월한 능력에서 찾을 수 있겠지만, 실상은 계속 되풀이되는 기도에서 비롯되었습니다.

"내 하나님이여 도비야와 산발랏과 여선지 노아댜와 그 남은 선지자들 곧 나를 두렵게 하고자 한 자들의 소행을 기억하옵소서 하였노라."(14) 느헤미야를 괴롭혔던 원수들 가운데에는 도비야와 산발랏뿐만 아니라 이들에게 매수당한 여자 선지자 노아댜와 다른 선지자들까지 있었습니다. 느헤미야는 어떻게 해서든지 자신을 겁박해서 공사를 하지 못하도록 방해한 원수들을 하나님의 손위에 올려놓습니다. 원수 갚는 일을 하나님께 맡긴 것이지요.

고지가 눈앞에 있다

적들의 방해 공작은 집요하고 조직적이었습니다. 느헤미야는 적들의 유화 제스처에도, 악성 루머에도, 협박과 회유에도 넘어가지 않았습니다.

그야말로 불굴의 투사요 지사의 면모가 역력합니다. 이 모든 비결은 두말할 필요도 없이 하나님을 경외하는 그의 믿음과 기도에 있었습니다. 기도할 때마다 하나님께서 위기에 대처하는 지혜와 능력을 주셨던 것입니다.

성공이 클수록 반대도 큰 법이지요. 느헤미야는 그 반대가 어디에서 왔고 그 동기와 의도가 무엇인지 정확히 파악했습니다. 지도자가 개인적인 인신공격을 당할 때 분별력은 물론이고 이에 맞서 싸울 수 있는 지혜와 용기가 필요합니다. 이깃은 하루아침에 이루어지지 않고 오랜 시간의 인격 도야와 현장에서의 체험적 경륜에서 나옵니다. 이론적 지식이 아니라 실천적 지혜에서 나오는 것이지요. 느헤미야는 산전수전을 모두 겪은 뒤 마침내 꿈을 이루게 됩니다. 느헤미야의 단 한 가지 비전, 성벽 공사가 완료될 순간이 도래했습니다!

느헤미야 7:1~72

성벽이 건축되매 문짝을 달고 문지기와 노래하는 자들과 레위 사람들을 세운 후에
내 아우 하나니와 영문의 관원 하나냐가 함께 예루살렘을 다스리게 하였는데
하나냐는 충성스러운 사람이요 하나님을 경외함이 무리 중에서 뛰어난 자라
내가 그들에게 이르기를 해가 높이 뜨기 전에는 예루살렘 성문을 열지 말고
아직 파수할 때에 곧 문을 닫고 빗장을 지르며 또 예루살렘 주민이
각각 자기가 지키는 곳에서 파수하되 자기 집 맞은편을 지키게 하라 하였노니
그 성읍은 광대하고 그 주민은 적으며 가옥은 미처 건축하지 못하였음이니라
내 하나님이 내 마음을 감동하사 귀족들과 민장들과 백성을 모아
그 계보대로 등록하게 하시므로 내가 처음으로 돌아온 자의 계보를 얻었는데
거기에 기록된 것을 보면 옛적에 바벨론 왕 느부갓네살에게 사로잡혀 갔던 자들 중에서 놓임을 받고
예루살렘과 유다에 돌아와 각기 자기들의 성읍에 이른 자들 곧
스룹바벨과 예수아와 느헤미야와 아사랴와 라아먀와 나하마니와 모르드개와
빌산과 미스베렛과 비그왜와 느훔과 바아나와 함께 나온 이스라엘 백성의 명수가 이러하니라
∶
∶

chapter 11

성벽 축조 기술자에서 국가 재건자로

느헤미야 7:1~72

'성벽 세우기'에서 '사람 세우기'로

예루살렘 성벽 중수 작업이 완료됐습니다. 이제 쉴 법도 하지만 느헤미야는 예서 멈추지 않습니다. 훨씬 더 중요한 도시 재건, 아니 국가 재건 작업에 뛰어듭니다. 예루살렘을 명실상부한 일국의 제일 수도로 만들 야심찬 계획을 세우고 거침없이 밀고 나갑니다. 성도 예루살렘은 성벽을 다시 쌓고 성문을 걸고 주택을 다시 짓는다고 해서 저절로 복원되는 것이 아닙니다. 시정을 돌볼 책임자들을 세우고 인구를 재배치해야 합니다. 백년 가까이 폐허로 방치된 황성 예루살렘의 진면목을 회복하는 것은 사람들을 바로 세우는 일에서 출발해야 합니다. 그동안 느헤미야와 유다 백성이 성벽 쌓는 목적을 위해서 존재해 왔다면, 이제는 그 성벽과 성 안에 거주할 사람들을 위해서 존재해야 할 차례입니다.

아무리 성벽이 난공불락의 요새라고 할지라도 성 안에 있는 사람들이 시원찮으면 아무 소용이 없습니다. 성벽의 두께나 높이가 아닌, 성 안에 사는 사람들의 종교성과 도덕성이 중요합니다. 그러기에 느헤미야는 '성벽 세우기'에서 '사람 세우기'로 과감히 초점을 전환합니다.

느헤미야서에는 명단이 자주 등장합니다. 이미 3장에서 성벽을 보수한 사람들과 그들이 수리한 구역 이름을 상세히 밝혀 놓았습니다. 이제 7장은 예루살렘에 재배치될 포로 귀환민들의 명단을 소개합니다. 이러한 명단은 10, 11, 12장에 간헐적으로 재등장할 것입니다. 성경을 읽는 사람들은 이러한 명단을 만날 때마다 따분하게 여긴 나머지 대부분 그냥 건너뜁니다. 특정인의 이름이나 가문에 대한 소개는 같은 혈통의 직계 후손들에게나 중요하지, 일반인에게는 별반 의미가 없습니다. 그래서 명단보다는 사건에 주목하는 것이 상례입니다. 그렇지만 이러한 명단은 우리 하나님이 어떤 개인을 통해서 위대한 일을 하시는가를 보여 주기에 매우 중요합니다. 7장에 등장하는 개인과 가문 이름들 역시 예루살렘을 성도로 복원하는 영광스러운 사역을 위해 쓰임받은 역사적 인물들이기에 간과할 수 없습니다.

느헤미야의 인사 기준

성벽을 중수하는 벅찬 작업으로부터 촉발된 예루살렘 재건 프로젝트는 이제 도시의 내적 체계를 잡는 훨씬 벅찬 작업으로 이어집니다. 성벽이 하드웨어라고 한다면, 그 성벽 안에서 당당한 하나님의 백성으로 살아갈 사람들을 '이전시키는 것'(relocating)은 소프트웨어를 개발하는 일과 같습니다. 아무리 하드웨어의 용량이 뛰어나도 구체적인 프로그램을 운용하기 위해서는 소프트웨어가 필수적입니다. 성벽을 다시 쌓고 마지막으로 성문을 제자리에 달았습니다. 성벽 중수 공사가 완료됐다는 말이지요. 그

때 느헤미야가 가장 먼저 한 일은 무엇입니까? 인사 문제의 착수였습니다. 일반 인사와 특수 인사를 단행했습니다. "문지기와 노래하는 자들과 레위 사람들을 세운 후에 내 아우 하나니와 영문의 관원 하나냐가 함께 예루살렘을 다스리게 하였는데 하나냐는 충성스러운 사람이요 하나님을 경외함이 무리 중에서 뛰어난 자라."(1~2)

먼저 일반 인사로 성전 문지기와 노래하는 자들과 레위 사람들을 세웠고, 특수 인사로 동생인 하나니를 시정 책임자로, 하나냐를 치안을 담당하는 경찰청장으로 각각 세웠습니다. 성전 문지기가 외적 안보를 책임지는 이들이라면, 노래하는 사람들은 영적 직무를 맡은 찬양대원들입니다. 레위인들은 성전의 각종 제의기구를 보존하고 제의적 성결을 지켜나가는 종교 업무를 맡은 이들입니다. 목회적이고 교육적인 역할을 맡은 정신적 지주들이지요. 하지만 바벨론 포로 시기를 거치며 레위인들의 세력이 급격히 쇠퇴하게 되자 유다의 종교 정신적 위기가 초래됐습니다. 예루살렘을 거룩한 도시로 재창조하는 일에 있어서 레위인들의 사명은 너무도 컸기에 느헤미야는 레위인들을 다시 모으는 일에 각별한 신경을 썼습니다.

느헤미야의 인사 스타일에서 극히 중요한 대목이 하나니와 하나냐의 전격적인 발탁입니다. 먼저 시정 책임자로 임명된 하나니는 느헤미야의 친동생입니다. 혹자는 느헤미야가 자신의 아우를 요직에 앉힌 것이 족벌주의(nepotism)가 아니냐고 비판할 수도 있습니다. 하지만 우리가 지금까지 지켜본 느헤미야는 정실 인사나 할 소인배가 아닙니다. 하나니가 피붙이기 때문이 아니라 느헤미야의 인사 원칙에 부합했기 때문에 고위직을 맡겼던 것뿐입니다. 그 원칙은 무엇일까요? 느헤미야는 하나냐가 '충성스러운 사람'(faithful man)이요, '하나님을 경외함이 무리 중에서 뛰어난 자'(feared God more than many)라고 칭찬합니다. 아마도 이러한 객관적 평가는 동생인 하나니에게도 그대로 적용되었을 것입니다.

느헤미야에게 있어 사람을 세우는 데 가장 중요한 두 가지 기준은 '신뢰성'과 '경외심'입니다. 실로 느헤미야는 적군과 아군을 구분하기 어려운 때가 수없이 많았습니다. 그럴 때마다 신뢰할 수 있는 사람을 만나고 쓰는 일은 너무도 중요했습니다. 게다가 하나님을 두려워할 줄 아는 경외심이야말로 예루살렘의 영적·도덕직 재건을 위하여 결성적으로 중요한 덕목입니다. 예수께서 말씀하신 '과부와 재판관의 비유'에 등장하는 불의한 재판관은 하나님을 두려워하지 않고 사람을 무시했습니다(눅 18:2). 신뢰성과 경외심이 없었기에 그는 늘 굽은 판결을 내리는 악덕 재판관이 될 수밖에 없었지요.

사실 하나니와 하나냐는 모두 약점이 있었습니다. 하나니는 총독인 느헤미야의 친동생이라는 점이, 하나냐는 성문의 관원, 즉 성채를 지키는 지휘관 출신이라는 점에서 예루살렘의 치안 전체를 책임지기에는 아직 경력이 일천합니다. 그럼에도 느헤미야가 이들을 요직에 발탁한 이유는 충성스럽고 하나님을 경외하는 마음이 남달랐기 때문입니다. 아우인 하나니는 예루살렘에 직접 다녀온 뒤 예루살렘의 실정을 있는 그대로 느헤미야에게 전해 준 인물입니다(1:2~3). 동생이기 이전에 그의 인간됨을 신뢰했기에 느헤미야는 하나니의 말을 액면 그대로 믿었던 것이지요.

하나냐는 예루살렘 성전 주변의 성곽, 특히 적군이 쉽게 침략할 수 있는 북쪽 성벽을 지키는 군대의 지휘관이었습니다. 예루살렘 전체의 치안을 떠맡기에는 아직 경력이 미미하지만 워낙 믿음직스럽고 하나님을 경외하는 마음이 특출했기에 가장 중요한 보직에 과감히 기용한 것입니다.

이와 같이 느헤미야는 사람을 쓰고 버림에 있어서 나름의 일관된 원칙이 분명한 지도자였습니다.

물샐틈없는 경계 근무를 지시하고

느헤미야는 예루살렘의 안보를 책임질 두 지도자 하나니와 하나냐에게 중요한 임무를 맡깁니다. "내가 그들에게 이르기를 해가 높이 뜨기 전에는 예루살렘 성문을 열지 말고 아직 파수할 때에 곧 문을 닫고 빗장을 지르며 또 예루살렘 주민이 각각 자기가 지키는 곳에서 파수하되 자기 집 맞은편을 지키게 하라 하였노니."(3)

하나니와 하나냐에게 부여된 중요한 임무는 경계 근무입니다. 작전에 실패한 지휘관은 용서받을 수 있으나, 경계에 실패한 지휘관은 용서받을 수 없습니다. 경계가 느슨한 틈을 타 적군이 침입할 경우 후방의 국민들이 몰살당할 수 있기 때문입니다. 예루살렘 성벽이 중건되었다고는 하나 먹잇감을 노리는 맹수들과 같이 사방에서 적들이 호시탐탐 노리고 있었습니다. 포로생활을 마치고 돌아온 이스라엘은 아직 확고한 국가 체제를 정비하지 못했습니다. 그러기에 성문을 여닫는 문제와 성곽 경비는 예루살렘 시민들의 생명과 재산을 지키는 것과 직결된 중대사입니다. 그래서 해가 떠서 환해지기 전, 오후에 태양이 작열해 뜨거울 때, 그래서 나른한 낮잠을 잘 때에는 절대로 성문을 열지 말라고 했습니다. 점심을 마친 이른 오후는 오수(siesta)를 즐기기에도 좋거니와 가장 조용하고 쉽게 긴장이 풀리는 시간대이므로 적의 공격에 취약한 때입니다. 이러한 때에는 문단속을 철저히 해서 적의 침입을 원천적으로 막아야 한다는 것이지요. 성문을 잘 닫고 빗장을 지르는 일도 중요하지만 초병들을 세워 경계 근무를 철저히 하는 일도 긴요합니다. 일부는 지정된 초소에서, 일부는 자기의 집 가까이에서 경비를 서게 했습니다. 각기 할당된 장소와 지정된 시간에 따라 순번을 정해서 경계 근무를 서되, 특히 내 집은 내가 지킨다는 신념으로 자기 집 맞은편을 지키게 했습니다. 이미 성곽을 쌓을 때에도 자기 집 맞은편부터 쌓도록 했는데 팔이 안으로 굽는다고, 자기 집을 지킬 경우 두 배의 효과가 있다는 사실을 느헤미야는 익히 알고 있었던 것이지요.

인구 재배치 전략

이제 튼실한 성벽을 쌓았고 책임자들을 세워 성을 철통같이 지켜 낼 방도도 마련했습니다. 하지만 훨씬 더 중요한 한 가지 일이 남았습니다. 시민들을 성 안으로 재배치하는 일이지요. "그 성읍은 광대하고 그 주민은 적으며 가옥은 미처 건축하지 못하였음이니라."(4) 적절한 인구 재배치의 필요성을 일러 주는 부분입니다. 참으로 절묘하게 압축한 표현입니다!

예루살렘 성읍은 크고 넓습니다. 하지만 인구가 부족합니다. 아무리 젖과 꿀이 흐르는 광대한 땅이 있으면 무슨 소용이 있습니까. 그 넓은 땅에 거주할 인구가 있어야 합니다. 하늘의 별과 바다의 모래알과 같이 많은 인구가 있어야 그 땅은 가치가 있습니다. 땅의 복과 인구의 복은 언제나 함께 가야 하지요. 그런데 지금 예루살렘은 인구가 희박합니다. 사람이 없으니 주택 역시 드문드문 아직 보잘것없는 상태입니다. 그야말로 예루살렘은 한 국가의 수도가 될 만한 면모는커녕 일개 지방 도시로도 도무지 꼴을 갖추지 못한 유령 도시였습니다.

성곽 공사를 지휘했던 엔지니어 느헤미야에게는 훨씬 더 중차대한 국가 재건자로서의 변신이 요청되었습니다. 새 예루살렘을 새 시민들로 가득 채워야 합니다. 전후에는 흔히 도시 재건 작업과 맞물려 인구 재배치 과제가 긴요한 과제로 떠오릅니다. 대개 고대사회에서 이러한 인구 재배치는 중앙정부에 의한 강제이주 방식으로 이루어지는 경우가 대부분이었습니다. 예루살렘 역시 느헤미야 총독의 주관으로 인구 재배치를 시도했지만, 어중이떠중이 아무나 예루살렘으로 이주시키지 않았다는 사실이 특별합니다. 하나님의 백성으로서 거룩하고 당당하게 살아갈 수 있는 책임감 있는 성민들을 선별해서 파견했습니다. 히브리 혈통을 입증할 수 있는 유다인들을 선별해서 보냈던 것이지요. 도대체 어떤 기준으로 정통 유다인들을 뽑아낼 수 있었을까요.

"내 하나님이 내 마음을 감동하사 귀족들과 민장들과 백성을 모아 그 계보대로 등록하게 하시므로 내가 처음으로 돌아온 자의 계보를 얻었는데 거기에 기록된 것을 보면."(5)

예루살렘의 종교사회 경제적 필요를 채우고 수도로서의 위상을 회복하기 위해 실시한 인구 재배치 작업은 하나님이 느헤미야의 마음을 감동시켜 나온 거룩한 발상이었습니다. 느헤미야 개인의 생각이 아니었습니다. 느헤미야는 예루살렘으로 이주할 가족들을 선별해 내기 위해 인구 조사를 실시합니다. 에스라 2장에 나오는 포로 귀환자 명단을 입수해 1차 귀환자 명단을 작성합니다. 스룹바벨로부터 시작해서 예루살렘에 돌아온 히브리인들과 그 조상들의 명단은 일종의 족보 형태를 띠었을 텐데, 이 족보를 역추적해서 예루살렘에 거주할 시민들의 혈통적 정통성과 연속성을 확인해 낼 수 있었습니다. 예루살렘에 거주할 시민은 아브라함과 이삭과 야곱의 혈통을 잇는 정통 히브리인이어야만 했던 것이지요.

모두 열 부류의 귀환자 명단이 등장합니다(7~65). 첫째로 스룹바벨과 함께 돌아온 최초의 지도자 12명이 있습니다(6~7). 이스라엘 12지파를 상징하는 원로급 인사들이지요. 둘째로 18개의 씨족과 20개 지역에 따른 평신도들의 명단이 보입니다(8~38). 셋째로 제사장들이 있습니다(39~42). 넷째로 레위인들의 명단이 등장하는데 숫자가 매우 미미합니다(43). 그만큼 바벨론에 포로로 끌려간 레위인들이 정체성을 잃고 이방제국에 동화된 나머지 아주 적은 수만 예루살렘에 돌아왔다는 사실을 암시합니다. 다섯째로 노래하는 자들, 성전 예배를 돕는 찬양대원들도 있습니다(44). 여섯째로 레위인들, 노래하는 자들과 더불어 성전을 관리하고 지키는 일을 하던 성전 문지기들이 있습니다(45). 일곱째로 성전에서 막일을 돕던 일꾼들의 명단이 나옵니다.(46~56) 여덟째로 솔로몬을 섬기던 종들의 자손이 있습니다(57~60). 아홉째로 가문의 혈통이 불분명한 사람들이 있는데, 크게 두 범주로 나누어집니다. 먼저 평신도들 가운데 가문의 혈통이 밝혀지지 않은 사람들이 있습니다(61~62). 그런가 하면 제사장들의 후손이라고 주장하지만, 그 가계(家系)가 모호한 이들도 있습니다(63~65). 평신도들과 달리 제사장들은 제의적 순수성을 유지해야 하므로 그 기준을 훨씬 더 까다롭게 할 수밖에 없습니다. 그래서 이런 이들은 우림과 둠밈을 가지고 판결을 내릴 제사장이 나타날 때까지 제사장 직분을 맡기지 않았습니다. 열째로 귀환자들이 부리던 종들이 있는데, 그 숫자가 7,000명 이상이나 됩니다(67). 귀환자의 총수가 4만 2,360명이라고 했으니(66), 6분의 1 정도가 노예였던 것을 알 수 있습니다. 흥미로운 것은 이들이 데리고 온 가축들의 수까지 명기하고 있는데, 이 가축들은 농사를 짓고 국가를 재건하는 데 긴요한 자산이었을 것입니다.

지금까지 살펴본 대로 예루살렘에 새로운 둥지를 틀고 정착할 사람들은 그 출신 배경부터가 다양했습니다. 귀족들과 종교 지도자들뿐만 아니라 막일을 하던 종들까지도 입주했습니다. 새 예루살렘 성을 재건하는 일에는 그만큼 다양한 일손이 필요했겠지만, 그 선별 기준은 어디까지나 족보 확인을 통해 정통성과 연속성이 보장되는 선에서 분명하게 그어졌습니다.

느헤미야가 확인한 이 정통 히브리인들이 새 예루살렘을 만들어 낼 개척자들입니다. 그러기에 인구 재배치 명단이야말로 하나님께는 성이나 집보다 단연 사람들이 중요하다는 사실을 보여 줍니다. 따라서 이 명단은 단순히 혈통을 강조한 족보가 아니라 새로운 하나님의 도성을 재건할 영웅들의 목록입니다. 장차 새 예루살렘을 건설할 '거룩히 남은 자들의 명단'이지요. 하나님은 언제나 바벨론 제국을 과감히 떠나 예루살렘을 위해 일할 신실한 일꾼들을 들어 쓰십니다! 존 웨슬리의 말대로 "하나님은 하나님의 일꾼들을 땅에 묻으시지만, 결코 하나님의 일은 중단하지 않으십니다."

인구 조사에 대한 보고가 끝난 뒤 성전 재건을 위한 유다인들의 건축 헌금에 대한 소개는 참 아름답습니다(70~72). 윗물이 맑아야 아랫물도 맑듯이, 총독을 비롯한 각 가문의 족장들부터 자원하여 헌금과 헌물을 정성껏 드리자 백성들 역시 기쁨으로 동참했습니다. 그리하여 각계각층에서 성전 건축을 위하여 기꺼운 마음으로 바친 헌금과 헌물이 넘쳐났습니다. 이들이 바친 금과 은, 의상을 오늘의 화폐 단위로 환산할 경우 약 50억 원 이상이라고 하니 헌신에 대한 열망이 얼마나 강했는지를 짐작할 수 있습니다. 느헤미야는 귀환자들이 어떻게 하나님을 위하여 헌신했는가를 낱낱이 기억하고 있었습니다.

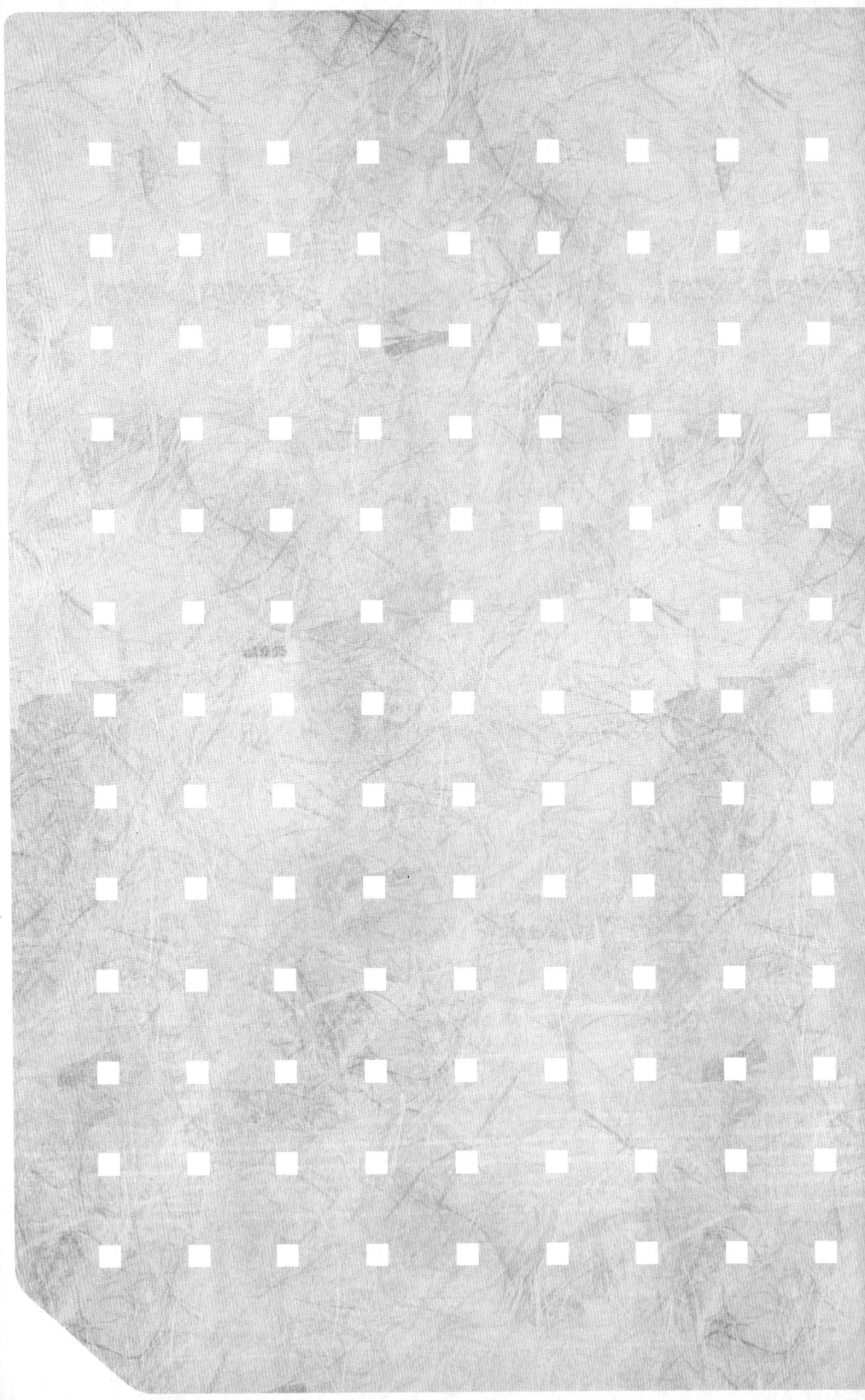

Nehemiah

사람 세우기

Ⅱ부

느헤미야 7:73~8:18

이와 같이 제사장들과 레위 사람들과 문지기들과 노래하는 자들과
백성 몇 명과 느디님 사람들과 온 이스라엘 자손이 다 자기들의 성읍에 거주하였느니라
이스라엘 자손이 자기들의 성읍에 거주하였더니 일곱째 달에 이르러
모든 백성이 일제히 수문 앞 광장에 모여 학사 에스라에게 여호와께서
이스라엘에게 명령하신 모세의 율법책을 가져오기를 청하매
일곱째 달 초하루에 제사장 에스라가 율법책을 가지고
회중 앞 곧 남자나 여자나 알아들을 만한 모든 사람 앞에 이르러
수문 앞 광장에서 새벽부터 정오까지 남자나 여자나 알아들을 만한
모든 사람 앞에서 읽으매 뭇 백성이 그 율법책에 귀를 기울였는데

chapter 12

수문 앞 광장 부흥사경회
느헤미야 7:73~8:18

언제, 어디에서, 무슨 목적으로?

도시를 만드는 것은 성벽 쌓기와는 다릅니다. 성벽 하나를 잘 쌓아 놓았다고 해서 견고한 도시가 저절로 만들어지는 것은 아니지요. 성내에 사는 사람들이 훨씬 더 중요합니다. 제아무리 성벽이 견고해도 사람들이 시원찮으면 성은 또 무너집니다. 바벨론에 의해 예루살렘 성이 맥없이 무너진 것도 결코 성벽이 취약해서가 아니었습니다. 시민들이 영적으로 도덕적으로 타락했기 때문에 쉽게 무너졌던 것입니다.

느헤미야는 이런 진실을 알았기에 성도 예루살렘의 재건을 위해서 성민을 차례로 성별해서 재배치시켰습니다. 이제 새로운 시민들은 각자 지정된 처소로 흩어져 자리를 잡기 시작했습니다. 그토록 숙망했던 예루살렘 성전과 성벽이 오롯이 다시 세워졌고 성 안에는 사람들로 북적거렸습니다. 그야말로 활기 넘치는 새 도시가 출범한 것이지요! 그런데 이때 전혀 예기치 않은 부흥 운동, 영적 대각성 운동이 일어납니다. 이것은 치밀한 준비나 인위적 방법이나 외부의 강요에 의해서가 아닌, 백성들의 자발적 헌신으로 일어난 풀뿌리 운동이었습니다.

느헤미야서의 주제가 '예루살렘의 재건'과 '유다 국가의 회복'이라고 한다면, 8장은 느헤미야서의 분수령이 됩니다. 1~7장이 주로 성벽 축조 공사와 정치 행정의 개혁적 측면을 다룬다면, 8~13장은 영적이고 도덕적인 측면을 기술합니다. 7장까지는 예루살렘 총독인 느헤미야가 자신의 회고록 성격으로 여러 가지 사건을 기술할 때 주로 1인칭 단수 주격을 써 왔다면, 8장부터는 3인칭 단수로 서술되고 있습니다(1인칭 서술은 성벽 봉헌 예식을 기록한 12장 27절에 가서야 다시 나타납니다). 이것은 대부흥 운동이 유다 총독으로서 자신의 주도하에 일어났던 예루살렘 성벽 토목 공사나 정치 행정의 혁신과는 달랐다는 사실과, 예루살렘의 영적 부흥과 도덕 갱신 운동은 느헤미야 자신뿐만 아니라 에스라 등 여러 종교 지도자들을 비롯한 유다 백성 전체에 의해 촉발되고 전개된 거족적 사건임을 시사해 줍니다.

예루살렘 부흥사경회가 언제 어느 곳에서 일어났는지 먼저 그 시간과 장소를 알아야 합니다. 성벽 재건 공사는 엘룰월, 즉 늦은 여름 기간인 9월 이후에 끝났습니다(6:15). 그리고 그 다음 달인 유대력으로 일곱째 달 초하루에 온 유다 백성들이 수문 앞 광장에 모여서 자발적으로 부흥사경회를 열었습니다. 일곱째 달은 현대의 양력으로 환산하면 10월인데, 이 달 초하루는 나팔절(레 23:23~5), 10일은 대속죄일(레 23:26~32), 그리고 15일부터 한 주간은 초막절(레 23:33~6)로 각각 지켜졌습니다. 그리고 초막절이 끝난 제8일에는 거룩한 대회로(레 23:36) 모이는 등, 일곱

달은 오늘로 치면 새해를 맞는 정월달 기분을 물씬 풍기는 축제의 달이었습니다. 그야말로 유다 민족 전체가 새 마음으로 새 출발을 하기에 안성맞춤인 시간이었지요.

대부흥 운동의 발생 시간도 의미가 있지만, 그 장소도 중요합니다. 누가 시킨 것도 아닌데 모든 백성이 한꺼번에 수문 앞 광장으로 모여듭니다. 수문은 예루살렘 성에 있는 열 개의 문 중 하나로 기드론 골짜기에 있는 기혼 샘에서 오벨이라는 언덕으로 올라오는 길에 있는 동쪽 문입니다(3:26). 예루살렘 성읍의 식수를 공급해 주는 문이기에 수문(水門)으로 지칭했던 것이지요. 그런데 왜 하필이면 수문 앞 광장에서 모였을까요? 아마도 여의도 광장처럼 수많은 인파가 모이기에 적절한 곳이기 때문이었겠지만, 영적으로 훨씬 더 큰 의미가 있습니다.

먼저 초막절이 수문에서 물을 길어 옴으로써 시작되는 절기였는데, 수문에서 흘러내리는 물은 성령을 상징합니다. "누구든지 목마르거든 내게로 와서 마시라 나를 믿는 자는 성경에 이름과 같이 그 배에서 생수의 강이 흘러나오리라 하시니 이는 그를 믿는 자들이 받을 성령을 가리켜 말씀하신 것이라."(요 7:37~9) 영적 대각성은 순전히 성령이 역사할 때 일어날 수 있는 영성 운동이므로 이것을 선언하는 장소로서 성령의 흘러내림 혹은 쏟아 부음을 상징하는 수문 앞 광장보다 더 좋은 곳은 없었을 것입니다. 목마른 사람이 물을 마시기 위해 수문으로 몰려들 듯이 영적으로 갈급한 사람들이 타는 목마름으로 성령의 생수를 사모하여 삼삼오오 수문 앞으로 모여들었던 것이지요.

예루살렘 성벽 밖 수문 앞 광장에 사람들이 '일제히'(as one man), 마치 한 사람이 움직이듯 한꺼번에 그 큰 광장을 가득 메웁니다. 남녀를 불문하고 성경 말씀을 알아들을 수 있는 사람은 누구든지 다 나왔습니다(2). 공중집회에는 여성이나 어린아이들이 빠지는 것이 관례였는데(출 10:11), 수문 앞 광장 집회는 그야말로 남녀노소와 빈부계층을 초월해서 말씀을 알아들을 수 있는 사람은 누구든지 찾아 나온 거족적 대국민집회였습니다.

이들이 이와 같이 한 마음 한 뜻으로 모인 목적은 오직 하나였습니다. 하나님의 말씀을 듣기 위해서였습니다. "학사 에스라에게 여호와께서 이스라엘에게 명령하신 모세의 율법책을 가져오기를 청하매 일곱째 달 초하루에 제사장 에스라가 율법책을 가지고 회중 앞 곧 남자나 여자나 알아들을 만한 모든 사람 앞에 이르러."(2~3) 사람들은 말씀에 굶주렸고 목말랐습니다. 모세오경(Torah), 즉 율법 말씀을 듣고자, 영적인 갈증을 해소하고자 시원한 물줄기가 흐르는 수문 앞으로 새카맣게 모여들었던 것이지요. 영적 부흥 운동은 갈급한 사람들의 자발적 순수성 때문에 일어납니다. 그 어떤 인위적 술수나 기계적 조작으로 일어나지 않습니다.

말씀을 경청하는 자세

드디어 에스라는 새벽부터 정오까지, 거의 여섯 시간 이상 백성들에게 율법책을 읽어 줍니다. 한두 시간이 아닌, 장장 여섯 시간이나 딱딱하기 이를 데 없는 율법책을 낭독했을 때 얼마나 따분했겠습니까. 심령 깊은 곳에 말씀을 사모하는 갈급함이 없었다면 견딜 수 없이 지루한 시간이지요. 그러나 사람들은 말씀을 듣고 싶어서 스스로 찾아왔기에 지루한 줄도 모르고 주의를 집중해 말씀을 경청했습니다.

율법책을 손에 든 에스라의 모습을 누구나 볼 수 있도록 높은 나무 단상을 임시로 만들고 그 위에 우뚝 서게 했습니다. 백성들보다 높은 위치에서 말씀을 낭독함으로써 말씀의 권위를 높여 주는 효과도 있었겠지요. 에스라를 중심으로 오른쪽에는 여섯 명, 왼쪽에는 일곱 명의 부족 지도자들로 보이는 인사들이 함께 늘어섰습니다.

에스라가 말씀을 펴서 읽을 때 백성들은 모두 일어섭니다. 존경하는 웃어른이나 직분이 높은 이가 들어오면 앉아 있던 이들이 모두 일어서는 것처럼, 말씀의 권위를 존중한다는 예의 차원에서 기립했던 것이지요. 에스라가 낭독하는 말씀이 사람의 입에서 나온 말이 아니라 하나님의 입으로부터 나온 말씀이라는 사실을 믿었기에 레위인들이 말씀의 의미를 조목조목 일일이 풀어 줄 때까지 사람들은 그렇게 오랫동안 제자리에 서 있었습니다.(7)

스코틀랜드에서는 '비들'(beadle)로 불리는 사람이 예배당에 입장하는 것으로 예배가 시작됩니다. 성경책을 들고 입장해 그날 읽을 본문을 펴서 설교단 위에 놓습니다. 설교자는 이 비들의 뒤를 따라 설교단 위에 마련된 자리로 가서 착석합니다. 중요한 사실은 비들이 성경책을 들고 입장해 설교단 위에 펼쳐놓을 때까지, 그리하여 설교자가 본문 말씀을 석명(釋明)하기 위하여 성경책 바로 뒤에 있는 좌석에 앉을 때까지, 회중들이 계속해서 기립해 있다는 것입니다. 하나님의 말씀을 담은 성경에 대한 존중의 의미를 담은, 참으로 아름다운 예배 전통이 아닐 수 없습니다. 설교자가 설교를 통해 말씀을 풀어 주기 전에 회중이 미리 예의를 갖추고 귀 기울이여 들을 마음의 준비를 한다는 뜻일 것입니다.

기립한 백성들은 에스라가 위대하신 하나님을 찬양하자 일제히 손을 들고서는 "아멘!", "아멘!" 하고 응답합니다. 손을 든다는 것은 하나님을 경배하고 하나님을 의지한다는 표시지요. '아멘'은 '그렇게 될지어다!'(So be it!)라는 뜻인데, 백성들이 이중으로 "아멘!" 한 것은 에스라가 위대하신 하나님을 찬양한 것에 대해 전적으로 동의한다는 뜻입니다. 그런 뒤 사람들은 엎드려 얼굴을 땅에 대고 주님을 경배합니다. 신하가 임금님을 알현할 때 땅바닥에 엎드려 큰절을 하듯이 하나님에 대한 존경과 헌신을 겸손히 표현한 것이지요. 다만 너무나 중요한 사실은 이날 사람들이 경배한 것은 율법책이 아니고, 율법책을 통하여 자기들에게 말씀을 걸어오시는 하나님을 찬양히고 경배했다는 깃입니다.

깨닫지 못하는 말씀은 소용이 없나니

말씀을 듣는 것만으로는 충분치가 않습니다. 깨달아야 합니다. 성경에는 그냥 귀로 듣기에도 벅찬, 어려운 내용들로 가득 차 있습니다. 그러기에 말씀이 마음 깊은 곳 폐부를 뚫고 들어가 깨달음을 얻을 수 있도록 쉽게 풀어 주는 교사들이 필요합니다. 이 해석 작업을 도와준 이들이 바로 13명의 레위인들입니다(7~8). 레위인들의 중요한 임무 가운데 하나는 성경을 풀어 가르치는 사역이었으므로(신 33:10; 말 2:7) 이러한 집회에 레위인들이 등장하는 것은 사뭇 자연스럽습니다. 에스라가 율법을 낭독하고 나면 레위인들이 이곳저곳을 돌아다니며 삼삼오오 무리지어 모여 있는 군중에게 먼저 통역부터 해 주었습니다. 모세오경은 히브리어로 되어 있었고, 포로 귀환자들은 히브리 방언인 아람어를 썼기 때문에 통역은 불가피했던 것으로 보입니다. 레위인들은 일반 대중이 알아듣기 쉽게 그 뜻까지 풀이해 주었습니다.

성경은 그냥 존중하고 듣고 읽기 위해서만 있는 책이 아닙니다. 그 깊은 속뜻을 가슴으로 이해하고 생활 속에 적용해야 하는 책입니다. 영적 대각성은 말씀을 기계적으로 듣는 것만으로는 일어나지 않습니다. 깊은 영적 의미가 이해되어 심령 깊은 곳까지 뚫고 들어올 때 영적 대각성이 일어납니다. 칼뱅John Calvin(1509~64)은 하나님의 말씀을 깨닫지는 못한 채 그냥 듣기만 하는 것을 전사(戰士)가 휘황찬란한 갑옷을 입지 않고 벽에 걸어 두어 녹이 슬게 하는 것에 비유한 적이 있습니다. 쓰지 않는 갑옷은 제아무리 튼실하고 번쩍거려도 소용이 없듯이, 듣기만 할 뿐 깨닫지 못하는 말씀 역시 아무런 효력도 발휘하지 못합니다.

마르틴 루터Martin Luther(1483~1546)의 종교개혁이 남긴 가장 위대한 유산 가운데 하나는 라틴어로 된 성경을 독일어로 번역한 일입니다. 종교개혁이 촉발된 지 꼭 5년 후인 1522년 9월, 루터는 신약의 번역부터 착수했습니다. 보통 사람들이 쓰는 민중언어로 번역해야 한다는 신념 때문에 유다인 모세가 마치 독일인처럼 느껴지도록 번역에 신경을 썼습니다. 레위기에 등장하는 희생 제사용 짐승의 신체 부위를 시장 사람들이 어떤 용어로 쓰는지 알아내기 위하여 루터가 일부러 푸줏간을 여러 차례 방문했다는 일화가 있습니다. 그만큼 팔딱팔딱 살아서 꿈틀거리는 생활언어로 번역했다는 말이지요.

루터가 성서 번역을 단행했을 당시에 독일어를 읽을 수 있는 사람은 전체 인구의 5%에 지나지 않았고, 라틴어 문맹률은 무려 99%에 육박했습니다. 성경책은 일반 대중이 이해하기 어려운 라틴어로 된 사제들의 전유물에 불과했습니다. 일반 신도들은 성당에 가서 라틴어로 된 말씀을 듣기는 들어도 도무지 그 의미를 깨닫기 어려웠습니다. 이와 같이 소리를 듣고서도 뜻을 깨닫지 못하는 폐단을 일거에 해소한 기념비적 사건이 바로 성경을 알기 쉬운 자국어로 번역하는 작업이었습니다. 성경을 쉽게 풀어서 번역하고 해석해 주는 일에서부터 유럽의 교육과 문학혁명이 촉발된 것이지요!

종교개혁이 일어나기 전 독일 시민들이 자기 나라 말로 된 성경책을 가질 수 없었다면 느헤미야 시대의 유다 백성들은 말할 것도 없습니다. 성경책을 갖고 싶어도 도무지 가질 길이 없었을 텐데, 그나마 말씀을 듣는 것 자체가 경이로운 체험이었겠지만, 레위인들은 여기에서 한 걸음 더 나아가 평신도들에게 말씀의 뜻까지 풀이해 주었던 것입니다. 아마도 잠시라도 쉬는 틈이 생기면 여기저기를 돌아다니며 백성들이 질문하는 내용에 일일이 대답해 주고, 말씀을 생활 속에 적용하는 구체적인 방법까지 일러 주었을 것입니다. 그야말로 성경 말씀을 조목조목 따져 보고 이해하고 적용하는 사경회(查經會)가 열린 것이지요! 예루살렘 성회는 지성적 이해가 두드러진 부흥사경회였던 것입니다.

말씀에 대한 지성적 반응 → 감정적 반응

이와 같이 말씀을 영적으로 이해했더니 자연스레 놀라운 반응이 연속으로 일어납니다. 먼저 정서적 반응이 일어납니다. "백성이 율법의 말씀을 듣고 다 우는지라."(9a) 말씀을 듣고 깨달으니 누가 시키지 않았음에도 집단적으로 흐느껴 웁니다. 왜 울었을까요? 먼저 죄책감을 느꼈기 때문입니다. 율법에 있는 말씀을 듣고 죄가 무엇인지를 알고서는 자신이 얼마나 그 말씀과 동떨어진 삶을 살았는지, 잠자는 양심이 기지개를 켜기 시작했던 것이지요. 존 웨슬리의 말대로 하면 이 순간 '율법적 회개'가 일어났던 것입니다. 그동안 남의 물건을 슬쩍슬쩍 훔치는 것이 죄가 되는 줄을 몰랐다가 십계명 중에 8계명인 "도둑질하지 말라"는 율법을 듣고서는 그동안 별 양심의 가책 없이 저질러 온 자질구레한 좀도둑질도 죄가 된다는 사실을 깨닫습니다.

이러한 율법적 회개가 이내 양심 전체를 흔들어 놓았을 때 저절로 눈물 콧물이 쏟아져 웨슬리가 말하는 '복음적 회개'까지 연이어 일어납니다. 단지 죄가 무엇인지를 깨닫는 것으로 그친 것이 아니라 마음을 바꾸어 모든 죄에서 벗어나 회개에 합당한 열매까지 맺는 생활의 변화가 '복음적 회개'라면, 그날 수문 앞 광장에 모인 사람들은 율법적 회개를 넘어서 복음적 회개에까지 이르렀다고 말할 수 있습니다.

말씀을 듣고 깨닫고 감동을 받으니 눈물이 났습니다. 지난 시절에 저질렀던 죄악이 주마등처럼 떠올랐습니다. 그래서 자신도 모르는 사이에 뜨거운 회한(悔恨)의 눈물이 흘러내렸습니다. 하지만 이날의 눈물은 기쁨의 눈물일 수도 있습니다. 바벨론에 포로노예로 잡혀간 뒤 폐멸의 길을 치달리던 유다가 극적으로 회생했습니다. 꿈에도 그리던 고향 예루살렘에 돌아와 성전과 성벽을 다시 세웠고, 사람이 살 만한 번듯한 도시가 어엿이 건설되었습니다. 그것만도 감사가 넘치는데 말씀을 들었을 때 "택하신 족속이요 왕 같은 제사장들이요 거룩한 나라요 그의 소유가 된 백성"(벧전 2:9)임을 자각하게 되었습니다. 그래서 너나없이 그렁그렁 기쁨의 눈물이 핑 돌았던 것이지요. 아마도 그날 눈물을 흘린 사람들은 일반 백성들만이 아니었을 것입니다. 느헤미야도, 에스라도, 레위인들도, 지위고하를 막론하고 모두 감격의 눈물을 뿌렸을 것입니다.

다시 진정하고 말씀의 기초로 돌아가다

백성들이 울음을 멈추지 않자 느헤미야와 에스라와 레위인들이 나서서 백성들을 진정시킵니다. "총독 느헤미야와 제사장 겸 학사 에스라와 백성을 가르치는 레위 사람들이 모든 백성에게 이르기를 오늘은 너희 하나님 여호와의 성일이니 슬퍼하지 말며 울지 말라 하고 느헤미야가 또 그들에게 이르기를 너희는 가서 살진 것을 먹고 단 것을 마시되 준비하지 못한 자에게는 나누어 주라 이 날은 우리 주의 성일이니 근심하지 말라 여호와로 인하여 기뻐하는 것이 너희의 힘이니라 하고 레위 사람들도 모든 백성을 정숙하게 하여 이르기를 오늘은 성일이니 마땅히 조용하고 근심하지 말라 하니."(9b~11)

우리는 어떤 방법과 수단을 동원하든지 간에 청중들이 눈물을 보이면 일단 집회에 성공했다는 착각을 흔히 합니다. 대개 은혜받은 외적 표시로 눈물보다 더 강렬한 것은 없다고 믿기 때문이지요. 하지만 예루살렘 성경대회의 진정성은 걷잡을 수 없는 눈물 도가니에 빠진 군중을 무마시키려는 지도자들의 냉철한 모습에서 여실히 드러납니다. 만일 지도자들이 내적 각성보다 외적 결과에 치중했더라면 어떻게 해서든지 백성들을 조금이라도 더 울게 만들려고 집단적 엑스타시 쪽으로 집회 분위기를 끌어가고 싶어 했을 것입니다. 하지만 느헤미야를 비롯한 지도자들은 감정 일변도로 치우치는 것을 경계합니다. '영적 이해력' 혹은 '복음적 지성'이라는 확고한 기초 위에 서서 지나친 감정 표현을 자제시킵니다. "그만 울고 함께 즐거워하자!" 이 권고 속에는 다시 말씀으로 되돌아가려는 지성적 신앙이 엿보입니다.

그날, 백성들이 눈물을 보인 날은 나팔절입니다. 나팔을 불어 새로운 기쁨의 날이 도래했다는 사실을 선포하는 날이지요. 7월 초하루, 나팔절은 민간력으로는 정월이었으니 당연히 신년 축하일로 지키며 안식하고 기뻐하는 날입니다(레 23:23~25). 느헤미야와 에스라와 레위인들은 이러한 하나님의 말씀을 알았기에 이 좋은 날 나팔절에 그만 울음을 그치고 기뻐하자고 권면했던 것이지요. 각기 집으로 돌아가 살진 짐승들을 잡아 푸짐하게 차려서 먹으라고 했습니다. 가난해서 음식을 차리지 못하는 사람들과 함께 나누는 이웃 사랑도 실천하라고 권했습니다.

예루살렘 사경회가 두고두고 모범이 되어야 할 이유는 그 집회의 건전성에 있습니다. 이성과 체험이 함께 갔습니다. 레위인들의 말씀 해석을 통한 지성적 깨달음과 눈물과 기쁨 등의 정서적 반응이 함께 어울렸습니다. 게다가 말씀 해석은 생활 속에서의 적용이라는 구체적 순종과 실천으로 이어졌습니다. 사람들은 고아와 과부, 나그네 등과 같은 사회적 빈자들과 잔치를 함께 나누었습니다. 주님으로 인하여 기뻐하는 것에서 진정한 힘을 얻었습니다(10). 그리하여 하나님으로 인해 큰 힘을 얻은 사람들은 집으로 "가서 먹고 마시며 나누어 주고 크게 즐거워했습니다."(12) 느헤미야나 에스라가 그렇게 지시했기 때문이 아니라, "그 읽어 준 말씀을 밝히 깨달았기" 때문이지요(12). 예루살렘 성회는 어디까지나 말씀의 범위를 벗어나지 않는 극히 건전한 성회였습니다.

느헤미야가 예루살렘 집회를 기술할 때 왜 자신의 기억에 의존한 회고록조인 1인칭 단수가 아닌 3인칭 단수로 객관적인 진술을 했는가는 이 사경회의 주체가 느헤미야 자신이 아니라, 에스라나 레위인과 같은 종교 지도자들과 유다 백성 전체임을 자각했기 때문일 것입니다. 그러기에 일부 두드러진 지도자들뿐만 아니라 일반 백성들 모두가 '모여들어', '율법책을 가져오기를 부탁하고', '귀를 기울이고', '일어서고', '아멘으로 응답하고', '얼굴을 땅에 대고', '경배하며', 말씀을 '듣고 울며', 지도자들의 가르침대로 '가서', '먹고', '마시고', '나누어 주고', '즐거워합니다.' 성벽을 쌓을 때의 모습보다 훨씬 더 진지하고 엄숙해 보이지요. 말씀에 완전히 사로잡힌 '한 책의 사람'(homo uinus libri), 즉 성경의 사람이 어떤 사람인지를 특징적으로 보여 주는 동사들입니다.

프랑스 작가 빅토르 위고$^{\text{Victor Hugo}}$(1882~85)는 이런 말을 했습니다. "영국은 두 개의 책, 곧 성경책과 셰익스피어를 갖고 있다. 영국이 셰익스피어를 만들었지만 영국을 만든 것은 성경이다." 이 말 그대로 포로생활을 마친 뒤 새 이스라엘과 새 예루살렘을 만든 것은 하나님의 말씀입니다. 예루살렘 사경회는 유다인들이야말로 '한 책의 백성'이라는 사실을 분명히 확인해 준 역사적 이정표였습니다.

마침내 순종과 실천으로

수문 앞 광장 사경회에서 일어난 백성들의 변화는 크게 5단계로 발전해 나갔습니다. '말씀 경청' → '말씀 이해' → '양심의 자각으로 인한 감정 반응'(눈물과 웃음)→ '의지적 순종' → '실천' 순입니다. 사경회에 참석해서 영적 갱신을 경험하자 자발적인 개혁 의지가 꿈틀거리기 시작합니다. 이렇게 해서 유다 백성들은 여호수아 이후에 가장 즐겁고 기억할 만한 초막절을 대대적으로 지키게 됩니다.

일곱째 달 초하루 나팔절에 놀라운 각성과 부흥을 경험한 유다 백성들은 각기 집으로 돌아갔습니다. 그 이튿날 작은 무리가 에스라의 집에 다시 모여들었습니다. 뭇 백성의 족장들과 제사장들과 레위인들이 자유롭게 성경공부를 더 하기 위해서 에스라를 방문했던 것이지요. 더욱더 친숙하고 훨씬 더 높은 수준의 집중 강좌(intensive course)로 모여서 성경을 공부했습니다. 그런데 이들이 성경에서 발견한 가장 중요한 말씀은 일곱째 달 축제의 절정인 초막절에 관한 규례였습니다.

사실 초막절을 지켜야만 한다는 규례는 새로운 것이 아니었습니다. 이미 초기 귀환자들은 예루살렘에 돌아온 후 초막절을 지켜왔습니다(스 3:4). 다만 에스라의 집에 모여든 일군의 지도자들이 새로 발견한 사실은 직접 초막을 지어서 기념해야만 한다는 것이었습니다. 산에 올라가 감람나무 가지와 들감람나무 가지, 화석류나무 가지와 종려나무 가지, 기타 무성한 가지를 꺾어다가 초막을 지으라는 구절을 발견하고서는 모든 유다 백성들이 이것을 실천해야만 한다는 강한 의무감을 느꼈습니다(15). 그래서 즉각 유다 전역에 초막절 준수에 대한 소식은 빠르게 전파되었고, 그 결과 유다인들은 전무후무한 초막절 축제를 마음껏 즐기게 됩니다.

초막절은 유대력으로 7월 15일에 시작되므로 지도자들의 말을 들은 백성들이 2주 동안이나 초막절을 준비했음을 알 수 있습니다. 역시 은혜 받은 백성은 절로 순종의 삶을 살 수밖에 없습니다. 사람들은 나뭇가지를 꺾어다가 지붕 위에, 뜰 안에, 하나님의 성전 뜰과 수문 앞 광장과 에브라임 문 광장 등지에 초막을 세우고 그 안에 들어가 지냈습니다.

초막절은 이스라엘 백성들이 애굽을 탈출할 때 허름한 초가집을 짓고 지내던 과거의 쓰라린 체험을 두고두고 기억하기 위해서 제정된 절기였습니다(레 23:33~43). 광야에서의 초막생활을 청산한 뒤 언약의 땅 가나안에 들어갔을 때, 추수기에 종려나무 가지와 잎사귀로 초막을 짓고 일주일 동안 그 안에서 생활하도록 했습니다. 조상들이 겪었던 지독한 고생을 후손들이 현장에서 직접 체험하도록 한 일종의 현장 학습인 셈이지요. 각종 풍요로운 곡식을 거두어들인 후에 이 풍성한 추수를 그 옛날 조상들이 겪었던 가난과 역경과 대비하면서 더욱 하나님께 의지하고 감사하는 마음을 일깨워 주는 축제가 초막절이었습니다.

오랫동안 제사장들과 레위인들을 중심으로 행해져 온 하나의 축제이자 의식이던 초막절이 수문 앞 광장 사경회 이후에 유다 백성 전체의 생생한 생활 체험이 되었습니다. 초막절 행사를 직접 치르면서 하나님을 새롭게 알게 되었고, 자신의 역사적 뿌리와 민족적 정체성을 재확인할 수 있었습니다. 그야말로 성민으로서의 민족적 자존심과 국민적 사기가 하늘로 치솟을 듯 드높아진 계기가 된 것이지요. 유다 백성들은 율법에 기록된 그대로 7일 동안 초막절을 지켰고, 8일째 되는 날 성회(聖會)를 열었습니다.(18; 레 23:36)

예루살렘 부흥사경회는 참으로 이상적이고 모범적이었습니다. 먼저 이 집회는 하나님의 말씀을 알아들을 만한 사람은 누구든지 남녀노소를 불문하고 거족적으로 모인 자발적 집회였습니다. 윗사람이 강요해서 모인 집회가 아니라 순전히 말씀에 대한 경외심과 사모하는 마음으로 스스로 모여들었습니다. 또한 이 집회는 말씀의 권위에 대한 신뢰와 존경으로 시작해서 말씀에 순종하고 생활 속에서 실천하는 것으로 끝납니다. 말씀을 그냥 윙윙거리는 소리로만 들은 것이 아니라 바르게 깨닫는 것에 주력했을 때, 말씀에 대한 지적 반응(1~8)과 감정적 반응(9~12), 말씀에 대한 의지적 반응(13~18) 등 지정의(知情意)가 총체적으로 어우러져 균형과 조화를 이룬 집회였습니다. 말씀에 대한 바른 해석과 그 말씀을 삶 속에 적용하는 이론과 실천이 융합된 성회였습니다.

예루살렘 사경회에 대한 기록을 접하면서 자연스럽게 떠오르는 인물이 있습니다. 남감리교 선교사로서 1903년 원산 대부흥 운동을 일으킨 로버트 하디Robert Hardie(河鯉泳, 1865~1949)입니다. 원산 대부흥 운동은 1903년 8월, 원산에서 사역하던 남감리교 여성 선교사들의 기도 모임에서 비롯되었습니다. 7명의 서양 선교사들이 참여한 기도 모임에서 하디는 성경공부를 준비하다가 불붙는 듯한 성령세례를 받았고 이 대각성 운동은 이내 조선 팔도로 요원의 불길처럼 번져 나갔습니다. 선교사로서의 영적 탈진을 성경공부와 기도로 극복하고, 그것이 성령세례를 통한 대대적인 심령 대부흥 운동으로 이어지자 여러 지역에서 연쇄 다발적으로 부흥 운동이 일어났던 것입니다. 그리고 강원도 일대와 개성, 서울, 평양을 거쳐 1904년 11월에는 인천으로까지 파급되어 내리교회의 제물포 웨슬리 예배당에서도 하디 선교사가 직접 인도한 부흥회가 열렸습니다.

하디 선교사는 말씀과 기도에 의지해 사경회를 열었다가 뼛속 깊은 죄책감을 느끼고 과거의 실패와 무기력함, 교만, 신앙 결핍 등등을 낱낱이 조선 교인들 앞에 회개하고 자복했는데, 심지어 선교비를 유용한 사실까지 모두 털어놓고 용서를 구했습니다. 하디를 중심으로 일어난 1903년 원산 대부흥 운동은 예루살렘 부흥사경회와 그 발발 경위나 성격에 있어 매우 유사합니다. 성령의 강권적 역사로 인해 자발적으로 일어났다는 사실과, 말씀과 기도를 기초로 해서 지나친 감정적 흥분 일변도로 빠져 들어가는 것을 경계했으며, 무엇보다도 대대적 회개와 순종, 구체적인 삶의 변화로까지 이어졌다는 점에서 유사합니다.

오늘 한국 땅에 가장 긴요한 운동이 1903년 원산 대부흥 운동이나 1907년 평양 대부흥 운동과 같은 심령 대부흥 운동이라고 한다면, 우리는 그 모범적 원류(源流)를 예루살렘 수문 앞 광장 부흥회에서 찾아야 마땅할 것입니다.

느헤미야 9:1~37

그 달 스무나흗 날에 이스라엘 자손이 다 모여 금식하며 굵은 베 옷을 입고 티끌을 무릅쓰며
모든 이방 사람들과 절교하고 서서 자기의 죄와 조상들의 허물을 자복하고
이 날에 낮 사분의 일은 그 제자리에 서서 그들의 하나님 여호와의 율법책을 낭독하고
낮 사분의 일은 죄를 자복하며 그들의 하나님 여호와께 경배하는데
레위 사람 예수아와 바니와 갓미엘과 스바냐와 분니와 세레뱌와 바니와
그나니는 단에 올라서서 큰 소리로 그들의 하나님 여호와께 부르짖고
또 레위 사람 예수아와 갓미엘과 바니와 하삽느야와 세레뱌와 호디야와 스바냐와 브다히야는 이르기를
너희 무리는 마땅히 일어나 영원부터 영원까지 계신 너희 하나님 여호와를 송축할지어다
주여 주의 영화로운 이름을 송축하올 것은 주의 이름이 존귀하여 모든 송축이나 찬양에서 뛰어남이니이다
오직 주는 여호와시라 하늘과 하늘들의 하늘과 일월 성신과 땅과 땅 위의 만물과 바다와
그 가운데 모든 것을 지으시고 다 보존하시오니 모든 천군이 주께 경배하나이다
주는 하나님 여호와시라 옛적에 아브람을 택하시고
갈대아 우르에서 인도하여 내시고 아브라함이라는 이름을 주시고
그의 마음이 주 앞에서 충성됨을 보시고 그와 더불어 언약을 세우사
가나안 족속과 헷 족속과 아모리 족속과 브리스 족속과 여부스 족속과 기르가스 족속의 땅을
그의 씨에게 주리라 하시더니 그 말씀대로 이루셨사오매 주는 의로우심이로소이다

chapter 13

성경에서 가장 긴 기도

느헤미야 9:1~37

부흥의 불씨는 계속 타오르고

예루살렘 부흥사경회는 유대력으로 일곱째 달 초하루, 나팔절에 일어났습니다. 그 달 15일에는 전무후무한 초막절 축제를 지켰습니다. 초막절이 끝난 후 이틀째 되는 날, 사경회가 시작된 후로는 약 3주 후에 이스라엘 백성들은 또다시 뜨거운 부흥을 체험합니다. 예루살렘 사경회가 대부흥회 혹은 대각성 운동임에 틀림없는 것은 그 지속성, 연발성에 있습니다. 한때 은혜받은 것으로 그친 단발성 행사가 아니라 그 불씨가 꽤 오랫동안 지속되었습니다.

　백성들이 말씀을 듣고 자신의 죄를 깨달아 눈물바다를 이루었을 때 느헤미야와 에스라 등 지도자들이 나서서 지나친 감정을 자제시켰습니다. 대개 집회의 성공에만 관심을 둘 경우 집회 주관자들은 이와 같이 격앙된 분위기를 놓치지 않으려고 합니다. 그래서 때론 대중심리학을 이용해

개혁지도자 느헤미야 169

서라도 뜨거운 황홀경으로까지 계속 몰고 가려고 하지요. 하지만 그날 지도자들은 백성들이 흘린 눈물이 어떤 분위기 때문이나 대중 조작에 의해서 생긴 것이 아님을 확신했습니다. 하나님으로부터 온 것임을 확신했기에 인간의 일시적 감정이 아닌 하나님의 말씀에 더욱더 집중했습니다. 그래서 우는 대신에 웃을 것을 권면했고, 지나친 감정 몰입을 절제시키려고 했던 것이지요. 하지만 회개가 하나님으로부터 온 것이라면 언제라도 회개가 다시 찾아올 것 또한 믿었습니다.

지도자들의 판단이 옳았다는 사실은 말씀과 기도를 통한 회개가 지속되고 있다는 점에서 그대로 입증됩니다. 개인이 지은 죄이든, 집단이 저지른 죄이든 간에 죄에 대한 통렬한 자각과 참회 없이 진정한 부흥은 일어나지 않습니다. 성령이 역사하시는 가장 강력한 증거는 죄에 대한 자각과 애통, 그리고 회개하고 난 뒤 생활이 극적으로 변화되는 것에 있습니다. 말씀을 듣고 깨달아 말씀대로 살기로 작정한 사람들은 먼저 그 달에 다가온 초막절부터 말씀을 있는 그대로 지켜보려고 안간힘을 썼습니다. 그야말로 말씀대로 온 백성이 흥에 겨워 최고의 축제를 즐겼던 것이지요. 하지만 축제가 끝난 뒤 들뜬 분위기는 이내 가라앉았고 무거운 금식회개 운동이 뒤를 잇습니다.

세 시간 말씀 듣고, 세 시간 회개하고

느헤미야 8~10장은 진정한 대부흥, 대각성이 어떤 순서를 통해서 진행되어야 하는가를 보여 줍니다. 먼저 하나님의 말씀을 듣고 깨달은 뒤(8장), 개인과 국가민족의 죄를 회개하며 자복했고(9장), 마침내 하나님 앞에서 전혀 새로운 삶을 살겠다는 다짐을 아예 문서화하여 84명의 지도자들이 집단 서명을 합니다(10장). 좀 더 단순하게 정리하면 '율법 선포'(8장) → '신앙고백'(9장) → '언약 갱신'(10장)의 순으로, 외적으로 예루살렘 성전과 성벽을 재건한 이스라엘 백성들이 이제 내적으로 나아가야 할 훨씬 더 중요한 신앙 재건의 길을 제시합니다.

"그 달 스무나흘 날에 이스라엘 자손이 다 모여 금식하며 굵은 베 옷을 입고 티끌을 무릅쓰며 모든 이방사람들과 절교하고 서서 자기의 죄와 조상들의 허물을 자복하고 이 날에 낮 사분의 일은 그 제자리에 서서 그들의 하나님 여호와의 율법책을 낭독하고 낮 사분의 일은 죄를 자복하며 그들의 하나님 여호와께 경배하는데."(1~3)

축제 분위기 속에서 초막절 행사를 마친 유다 백성은 이틀 후에 누가 시킨 것도 아닌데 또다시 꾸역꾸역 모여듭니다. 굵은 베옷을 입고 먼지나 재와 같은 티끌을 뒤집어쓰고 금식하기 시작합니다. 죽은 사람을 애도하듯이 자신의 죄에 대한 극한의 슬픔을 나타내기 위해 베옷을 입고, 죄악으로 비천해진 자신의 부끄러운 모습을 나타내고자 티끌을 뒤집어썼던 것이지요. 음식을 입에 대지 않은 것은 자신의 죄를 깊이 뉘우치는 동시에 오직 하나님만 의지하겠다는 결기를 보여 줍니다.

금식하며 회개 기도를 드리는 이들은 먼저 이방인들과의 교제를 끊습니다. 주님께 헌신한다고 하면서 죄악으로 오염된 주변 환경부터 정리하지 않는 것은 위선이며, 주님께 헌신하지 않은 채 세상으로부터 분리되는 것은 고립이요 소외에 지나지 않습니다. "너희는 나에게 거룩할지어다 이는 나 여호와가 거룩하고 내가 또 너희를 나의 소유로 삼으려고 너희를 만민 중에서 구별하였음이니라."(레 20:26) 이스라엘은 선민이요 성민으로서 다른 민족과는 구별된 삶을 살아야 했음에도 그렇게 살지 못했는데, 이제 말씀을 듣고 회개하니까 비로소 구별된 백성이 되어보려고 몸부림을 치게 된 것이지요.

예루살렘이 폐허로 방치되는 동안 유다인들은 이방인들과의 혼인이나 사업 등의 문제로 이런저런 복잡한 관계를 맺어 왔을 것입니다. 이렇게 이방인들과 교제하다 보니 자연스레 신앙의 순수성을 잃고 그들의 종교나 관습 풍조에 젖어들었겠지요. 그래서 좀 고통이 따르고 손해를 볼지라도 신앙의 순수성을 회복하기 위해 이방인들과 과감히 단교했던 것입니다.

그런 뒤 사람들은 제자리에 선 채로 조상들의 죄뿐 아니라 자신들의 죄까지도 낱낱이 자백합니다. 사람들은 대개 자신의 잘못을 타인이나 환경 탓으로 돌릴 때가 많습니다. 내가 성질이 나쁜 것은 고약한 아버지의 기질을 물려받은 탓이기에 어쩔 수 없다고 둘러댑니다. 워낙 물이 좋지 않은 지역에서 태어나고 자랐기 때문에 도벽을 갖게 되었다며 환경을 탓할 때도 있습니다. 하지만 이날 유다 백성들은 조상들의 잘못을 탓하기 전에 먼저 자신의 죄부터 숨김없이 고백하고 회개했습니다. 자기 자신도 엄청난 죄악을 저지른 유다 민족의 일원이라는 사실을 자인했던 것이지요.

이와 같이 대대적인 회개 운동이 일어났을 때 어떤 유형으로 그렇게 했는지가 참으로 중요합니다. 오고가는 세대의 모든 교회가 성서적 본보기로 삼을 수 있기 때문입니다. 낮 시간의 4분의 1, 즉 세 시간은 하나님의 말씀을 읽는 데, 또 다른 4분의 1, 즉 세 시간은 죄를 자백하고 하나님을 경배하는 데 사용합니다. 한두 시간도 아니고 장장 여섯 시간을 선 채로 하나님께 예배를 드리면서 세 시간 동안 말씀을 들었고, 나머지 세 시간은 회개했다는 말입니다. 먼저 말씀을 듣고, 그런 다음에 회개하는 데

동일한 분량의 시간을 썼다는 것은 참으로 의미심장합니다. 이는 회개집회를 떠받치는 가장 중요한 두 기둥이 말씀과 회개라는 사실을 보여 줍니다. 다름 아닌 하나님의 말씀에 비추어 우리의 잘못을 깨달은 뒤 '뉘우치고'(悔), '고친다'(改)는 말이지요. 여느 집회처럼 '회'는 있는데, '개'는 없는 기이한 회개집회가 아니었습니다.

레위인들이 순번을 정해서 돌아가며 두루마리 성경을 읽으면 유다인들은 온 정신을 집중한 채 그 말씀을 들었습니다. 말씀을 들을 때마다 얼마나 그 말씀에 못 미치는 삶을 살아왔는지 절절이 깨달았겠지요. "모든 사람이 죄를 범하였으매 하나님의 영광에 이르지 못한 것"(롬 3:23)을 너무도 분명하게 발견했습니다. 율법 백성인 이스라엘이 얼마나 율법대로 살지 못했는지 지난 역사에 대한 수치와 회한이 물밀듯 밀려왔습니다.

7·24 집회는 이와 같이 먼저 말씀이 거울이 되어 자신의 부끄러운 모습을 숨김없이 비추어 주었습니다. 그야말로 사람들은 "하나님의 말씀은 살아 있고 활력이 있어 좌우에 날선 어떤 검보다도 예리하여 혼과 영과 및 관절과 골수를 찔러 쪼개기까지 하며 또 마음의 생각과 뜻을 판단"(히 4:12)한다는 사실을 생생하게 체험했습니다.

율법이 하나님 편에서 사람에게 걸어오시는 하나님의 말씀이라면, 유다 백성들의 회개 자복과 경배는 인간 편에서 하나님의 말씀에 응답하는 인간의 말이었습니다. 그러기에 7·24 회개 운동은 하나님의 말씀과 그 말씀에 대한 인간의 응답으로서의 회개와 경배, 두 말씀이 쌍방으로 교류한 날입니다. 진정한 예배에는 하나님의 말씀과 인간의 응답으로서의 말이 쌍방으로 오갑니다.

7·24 고백기도의 내용

레위인들이 중심이 되어 온 이스라엘 백성들과 더불어 드린 9장 5~37절의 기도야말로 성경에 나오는 가장 긴 기도이며, 솔로몬이 성전봉헌식 때 드렸던 기도(대하 6:12~42) 이래 다시없던 공중 고백기도입니다. 이 기도야말로 오고가는 세대가 반드시 따라야 할 기도의 모범입니다. 7·24 기도는 내용상 크게 세 부분으로 구성됩니다.

첫째, 하나님의 우주창조에 대한 찬양으로 시작합니다(5~6). 사실 모세오경의 첫 번째 책인 창세기가 하나님의 창조 기사로 시작하기에 이날의 기도 역시 우주만물을 창조하신 하나님의 위대하심과 선하심에 대한 찬양으로 그 문을 엽니다. 그러기에 이 기도는 인간 중심의 편협한 세계관을 벗어나 온 우주만물이 다 함께 어우러져 주님을 찬양하는 원대한 비전을 보여 줍니다.

둘째, 이스라엘의 지난 역사를 회고하며 하나님의 징벌과 은혜를 기억하고 감사합니다(7~31). 창세기가 그렇듯이 레위인들은 하나님께서 아브라함을 불러주신 것을 회상합니다(7~8). 그런데 기도 전체의 내용에서 언제나 주 하나님이 주체가 되고 있습니다. 아브라함의 소명과 응답을 회고할 때에도 아브라함이 충성되었다고 말하지 않고 "[주께서] 그의 마음이 주 앞에서 충성됨을 보시고"라고 해서 유독 하나님의 주권을 강조합니다.

그 다음에 출애굽 사건을 회고할 때 역시 모든 구원 행동의 주체는 철두철미 하나님이심을 고백합니다(9~12). 하나님이 출애굽 과정에서 이스라엘 백성에게 보이셨던 전지전능하심과 돌보심을 부각시킵니다. 하나님은 또한 시내산에서 율례와 계명을 주셨습니다(13~14). 이스라엘 백성들로 하여금 율법을 통해 하나님이 세우신 거룩한 질서에 참여하도록 한 것이지요. 영적 필요만 채워 주신 것이 아니라 육적인 필요도 채우셔서 먹을거리와 마실 물도 주셨습니다.(15)

하지만 이와 같은 하나님의 한결같은 은혜와 신실하심에도 불구하고 이스라엘 백성은 지속적으로 하나님께 반역을 했습니다(16~18). 교만하여 목이 뻣뻣하고 고집이 세어서 주님의 명령을 지키지 않았습니다. 그렇지만 하나님은 여전히 그들을 버리지 않고 용서하셨습니다. 그럼에도 죄를 짓는 일에 이골이 난 백성들은 또다시 금송아지를 만들어 우상숭배를 했고 하나님을 모독했지만, 하나님은 그들을 불쌍히 여기셔서 또다시 구원해 주셨습니다. 광야 40년 동안 거의 습관성 중독증에 빠진 이스라엘의 불신앙과 불순종에도 불구하고 하나님은 지속적으로 자비와 긍휼을 베풀어 주셨음을 고백합니다.

그 결과 이스라엘은 자격이 없음에도 불구하고 젖과 꿀이 흐르는 가나안 땅에 들어갔습니다(22~25). 하나님은 그곳에서도 이스라엘을 넘치도록 축복해 주셨습니다. 그러나 이스라엘은 주기적으로 반복해서 하나님께 반역을 일삼았습니다(26~31). '불순종과 반역' → '하나님의 징계' → '일시적으로 회개하고 하나님께 돌아옴' → '더 많은 불순종과 반역과 배신' → '하나님의 더 큰 은혜와 용서'의 순으로 악순환을 반복해 왔음을 고백합니다. 불순종하는 이스라엘을 징계하시기 위해 때로 원수들의 손에 맡겨 백성들을 징계하신 적도 있지만, 하나님은 언제 그랬는가 싶게 또다시 긍휼을 베풀어 주셨습니다. 그러나 그들은 편안하게 살 만하면 과거의 징계를 잊고 밥 먹듯이 연속해서 악행을 일삼았습니다.

레위인들의 기도를 보면 이스라엘의 반역은 날이 갈수록 강도가 심해졌고, 하나님의 징계와 심판도 비례해서 심해졌던 것을 알 수 있습니다.

그런데 이 기도에서 너무나 놀라운 것은 죄와 구원이 반복될수록 하나님의 은혜와 용서 역시 더 놀랍고 신비한 방법으로 반복되었다는 사실입니다. 그러기에 레위인들은 선조들의 주기적인 죄악과 하나님의 연속적인 구원을 고백할 때 말미에 가서 한 줄기 소망의 끈을 놓지 않습니다. "주의 크신 긍휼로 그들을 아주 멸하지 아니하시며 버리지도 아니하셨사오니 주는 은혜로우시고 불쌍히 여기시는 하나님이심이니이다."(31) 바로 이 고백에 레위인들을 비롯한 귀환자들의 소망이 있습니다. 자신이 잘나서가 아니라 순전히 하나님의 긍휼과 자비 때문에 유다 백성들의 현재와 미래에는 한 줄기 소망이 있다는 것이지요.

이스라엘의 지난 역사를 회고하면서 조상들의 범죄와 하나님의 용서와 은혜의 변증법적 사이클을 고백한 뒤, 셋째로 레위인들의 기도는 현재의 고통에 대한 하나님의 자비를 간구하는 것으로 끝납니다(32~37). 7·24 연도(連禱, litany)에서 가장 두드러진 내용은 이스라엘의 집요하고 반복적인 죄악에도 불구하고 하나님의 인내와 자비와 용서는 한결같다는 고백입니다. "우리 하나님이여 광대하시고 능하시고 두려우시며 언약과 인자하심을 지키시는 하나님이여."(32a)

포로생활을 마치고 고국으로 돌아왔다고는 하나, 이방제국의 압제는 현재 진행 중에 있었고 장차 넘어야 할 산은 너무 높고 건너야 할 강은 너무 깊었습니다. 나라를 되찾았다고는 하나, 하나에서 열까지 뿌리부터 다시 시작하여 재건해야 하는 위기와 역경의 시대에 가장 긴요한 기도는 무엇일까요? 그것은 바로 하나님의 자비를 구하는 겸손입니다. 그래서 레위인들은 과거로부터 오늘에 이르기까지 이스라엘 백성들이 겪어온 환란을 작게 여기지 말아 달라고 기도합니다(32). 오직 하나님께로 돌아가 하나님의 자비와 긍휼을 힘입는 것, 그것밖에는 도리가 없음을 고백합니다.

"내 이름으로 일컫는 내 백성이 그들의 악한 길에서 떠나 스스로 낮추고 기도하여 내 얼굴을 찾으면 내가 하늘에서 듣고 그들의 죄를 사하고 그들의 땅을 고칠지라."(대하 7:14) 유다가 살기 위해서는 악한 길에서 떠나야 합니다. 영적·도덕적 갱신으로 나아가는 길은 회개밖에 없습니다. 스스로 낮추고 겸비해야 합니다. 기도로 하나님의 얼굴을 구해야 합니다. 그리할 때 하나님은 유다 백성들의 죄를 용서하시고 그들의 땅을 고쳐 주실 것입니다!

P·R·A·Y

7·24 기도에는 기도의 네 가지 요소, 즉 'PRAY'가 그대로 포함되어 있습니다. 첫째 'PRAISE', 하나님을 찬양합니다. 기도 전문(全文)은 하나님이 얼마나 위대하고 선하신가에 관한 구체적인 찬양의 고백에 다름 아닙니다. 둘째 'REPENTANCE', 자신과 민족이 지은 온갖 죄악을 회개합니다. 말씀의 거울에 비추어 죄가 되는 일체의 행위를, 베옷을 입고 먼지를 뒤집어쓰고 금식하며 회개합니다. 셋째 'ASK', 구체적으로 간구합니다. 오직 하나님의 은혜로만 살 수 있음을 고백하고 하나님의 은혜를 간구합니다. 넷째 'YIELD', 하나님께 순복합니다. 고난과 역경에 가득 찬 자신과 민족의 오늘과 내일을 주님께 맡깁니다.

레위인들의 기도 속에 나타난 하나님은 프란시스 톰슨^{Francis Thompson}(1859~1907)이 말한 '천국의 사냥개'(The Hound of Heaven)를 연상시킵니다. 하나님을 버리고 어두운 비탈길로 도망치는 이스라엘을 끝까지 추격하여 기어코 잡아내고야 마는 하나님이십니다. "내가 새벽 날개를 치며 바다 끝에 가서 거주할지라도 거기서도 주의 손이 나를 인도하시며 주의 오른손이 나를 붙드시이다."(시 139:10)

토마스 칼라일Thomas Carlyle(1795~1881)이 말했습니다. "역경을 견딜 수 있는 사람이 백 명이라면, 번영을 견딜 수 있는 사람은 한 명에 불과하다." 존 스타인벡John Steinbeck(1902~68)도 말했습니다. "한 나라를 망하게 하고 싶거든 그저 넘치도록 주라. 그러면 그 나라는 탐욕이 가득하고, 비참해지고, 결국 병들게 될 것이다."

고난과 역경 속에서 망한 민족은 없어도 번영과 풍요 속에서 망한 민족은 너무도 많습니다. 로마나 이스라엘이 망한 이유도 고난과 역경이 아닌, 번영과 풍요 때문이었습니다. 하나님을 버리고 육체와 물질을 숭배했을 때 뜻밖에 망하고 말았지요. 레위인들의 기도에는 과거의 고난과 시련을 잊지 말자는 결연한 각오가 서려 있습니다. 조지 산타야나George Santayana(1863~1952)는 "과거를 기억할 수 없는 자들은 과거를 반복하는 벌을 받는다."라고 했습니다. 어디 이스라엘뿐이겠습니까. 우리 역시 산타야나의 충고를 귀담아들어야 합니다.

느헤미야 9:38~10:39

⋮

그 남은 백성과 제사장들과 레위 사람들과 문지기들과 노래하는 자들과
느디님 사람들과 및 이방 사람과 절교하고 하나님의 율법을 준행하는 모든 자와
그들의 아내와 그들의 자녀들 곧 지식과 총명이 있는 자들은
다 그들의 형제 귀족들을 따라 저주로 맹세하기를 우리가 하나님의 종 모세를 통하여 주신
하나님의 율법을 따라 우리 주 여호와의 모든 계명과 규례와 율례를 지켜 행하여
우리의 딸들을 이 땅 백성에게 주지 아니하고 우리의 아들들을 위하여 그들의 딸들을 데려오지 아니하며
혹시 이 땅 백성이 안식일에 물품이나 온갖 곡물을 가져다가 팔려고 할지라도 우리가 안식일이나 성일에는
그들에게서 사지 않겠고 일곱째 해마다 땅을 쉬게 하고 모든 빚을 탕감하리라 하였고

⋮

chapter 14

84인 언약 선언문
느헤미야 9:38~10:39

말로는 부족하니 언약을 문서화하고

정신과 의사를 찾는 이들이 늘어나고 있습니다. 매주 혹은 격주마다 상담을 받고 치료를 받고자 의사를 찾습니다. 하지만 상담과 치료를 받아도 기대했던 변화가 잘 일어나지 않습니다. 심경이 우울하고 복잡해서 정신 상담을 받으면 무언가 변화가 있어야 하는데 그 변화라는 것이 쉽사리 일어나지 않습니다. 이유가 무엇일까요? 환자 자신이 변화되기를 원치 않기 때문이지요. 아니, 변화되고자 하는 갈망은 있으나 변화를 실천하려는 의지가 너무 약하기 때문입니다. 생각은 있어도 의지가 뒤따르지 않으면 어떤 변화도 일어나기 어렵습니다. 술이나 담배가 몸에 해롭다는 사실을 생각으로는 너무도 잘 압니다. 하지만 막상 술과 담배를 끊는 것은 강력한 의지가 뒷받침될 때에만 가능합니다.

유다 백성들은 수문 앞 광장에서 말씀을 듣고 깨달았습니다. 죄를 발견하고 울었습니다. 그런 뒤 일부 지도자들은 따로 모여 성경공부를 하면서 말씀의 소중함을 재차 절감하고 율법에 있는 말씀 그대로 초막절을 철저히 지켰습니다. 그 후 7월 24일에는 온 백성이 모여 죄를 회개하고 자복하는 제2의 대각성 집회가 열렸습니다. 먼저 말씀을 읽은 뒤 그 말씀의 거울에 비추어 자신의 잘못을 숨김없이 들추어내고 대대적으로 회개했던 것이지요.

문제는 이러한 회개가 금방 변화를 불러오지 못하는 경우입니다. 아무리 울고불고 번지르르한 말을 늘어놓는다 할지라도 구체적인 생활의 변화가 없으면 진정한 회개가 일어났다고 할 수 없습니다. 그래서 그런지 유다 백성들은 이제 진정한 회개, 삶의 구체적인 변화를 수반하는 '참 회개'를 보이고자 아예 언약문을 만들고 각계각층의 지도자 84명이 집단 서명까지 합니다. 마치 독립선언문에 33인의 민족 대표들이 서명했듯이, 비상한 각오로 이 언약 선언문에 서명 날인을 한 것이지요. "우리가 이 모든 일로 말미암아 이제 견고한 언약을 세워 기록하고 우리의 방백들과 레위 사람들과 제사장들이 다 인봉하나이다 하였느니라."(9:38)

서명에는 부담과 책임이 따르지 않는 것과 상당한 구속력이 있는 것이 있습니다. 일본군 위안부 할머니들을 돕기 위해 지지 서명을 하는 행위는 일본 정부의 잘못을 집단적으로 항의하는 의사 표시이므로 큰 부담이 따르지는 않습니다. 하지만 기미독립선언서에 서명한 민족 대표들은 일본 경찰에 의해 체포되고 구속될 것을 각오하고 서명 날인을 했습니다. 유다의 민족 대표 84인이 하나님 앞에 새롭게 살아갈 것을 다짐하는 언약 문서에 서명한 것도 엄청난 부담과 책임이 뒤따르는 행위였습니다.

서원과 맹세는 개인의 명예와 책임은 물론이고, 어길 경우 하나님의 저주와 심판을 염두에 두고 하는 약속이기에 결코 가벼이 여겨서는 안 됩니다. "사람이 여호와께 서원하였거나 결심하고 서약하였으면 깨뜨리지 말고 그가 입으로 말한 대로 다 이행할 것이니라."(민 30:2) 예수님 역시 맹세에 뒤따르는 엄중한 책임을 아셨기에 함부로 맹세하지 말 것을 당부하신 적이 있습니다(마 5:33~7). 이와 같이 하나님 앞에서 지켜야 할 언약을 굳게 세우고 문서화한 뒤 연대 서명을 했다는 사실은, 어길 경우 저주를 받아도 좋다는 심각한 부담과 책임감에서 나온 집단 행위였습니다.

이날 문서에 서명하지 않은 나머지 백성들 역시 이 선언문에 다 함께 동의했습니다. "그 남은 백성과 제사장들과 레위 사람들과 문지기들과 노래하는 자들과 느디님 사람들과 및 이방 사람과 절교하고 하나님의 율법을 준행하는 모든 자와 그들의 아내와 그들의 자녀들 곧 지식과 총명이 있는 자들은 다 그들의 형제 귀족들을 따라 저주로 맹세하기를 우리가 하나님의 종 모세를 통하여 주신 하나님의 율법을 따라 우리 주 여호와의 모든 계명과 규례와 율례를 지켜 행하여."(28~29)

남녀노소를 불문하고 알아들을 만한 이성이 있는 모든 사람이 비록 문서에 서명은 하지 않았지만 구두로 다 함께 이 언약에 동의를 표했다는 말이지요. 물론 구두 서약이 문서 서명보다 구속력이 떨어지겠지만, 그렇다고 해서 언약을 어길 경우 받는 저주는 84인에게만 국한된 것이 아니라 유다 백성 전체에 해당됩니다.

언약에 서명한 지도자들의 명단

10장 1~27절은 서명자들의 명단입니다. 제일 먼저 느헤미야가 대표로 서명합니다. 느헤미야가 서명자 명단의 첫머리에 등장하는 이유는 정치적으로 유다의 우두머리이기 때문만이 아니라 솔선수범하겠다는 확고한 의지를 보여 주는 것입니다. 느헤미야 바로 다음에 등장하는 시드기야는 "느헤미야와 시드기야"라는 표현으로 보건대 동지적 인물임에 틀림없습니다. 지금도 국가정상 간에 외교 문서에 서명할 때 증인으로서 비서실장도 함께 서명하는 것이 관례이듯이, 시드기야는 느헤미야의 최측근으로 비서실장이었을 가능성이 높습니다.

느헤미야와 시드기야가 시정 책임자들을 대표한다면, 두 번째 부류의 서명자들은 제사장들을 대표하는 21명입니다(2~8). 이 이름들 가운데 적어도 15개의 이름은 개인이 아닌, 가문의 이름인 것 같습니다(12:12~21 참조). 그런데 흥미롭게도 제사장 그룹을 대표할 만한 에스라의 이름이 보이지 않습니다. 에스라가 스라야 가문에 속했기 때문에(스 7:1), 아마도 제사장 그룹에 가장 먼저 등장하는 스라야는 이 가문 출신인 에스라가 제사장들의 대표로서 서명했음을 암시합니다.

세 번째 그룹은 17명의 레위인 대표들입니다(9~13). 일부 가문의 이름도 등장하지만, 대부분은 개인으로서 수문 앞 광장 집회에서 말씀을 풀어 준 레위인들이었습니다(8:7 참조). 하사뱌는 성벽 중건 작업에도 참여한 인물입니다.(3:17)

네 번째 그룹은 유다의 귀족 가문을 대표하는 44인의 명단입니다(14~27). 백성의 족장들로서 에스라가 밝힌 1차 포로 귀환자 명단에도 나오는데(스 2장), 이들은 느헤미야가 사람들을 예루살렘으로 모을 때 중요한 역할을 했고(7장), 성벽 건축 공사에도 참여한 사람들입니다.(3장)

이와 같이 느헤미야를 비롯한 시정 책임자 대표들과 에스라를 중심으로 한 제사장 대표들, 레위인 대표들, 그리고 족장 대표들은 그야말로 온 유다를 대표하는 지도자들이었습니다. 모든 백성이 지켜보는 가운데 이들이 서명하는 장면은 참으로 엄숙했고 긴장감이 넘쳐흘렀을 것입니다. 이제 느헤미야 10장에서 가장 주목을 끄는 부분은 84인 대표자들과 더불어 온 유다 백성들이 하나님과 사람들 앞에서 함께 지키기로 한 언약의 내용입니다.

여섯 가지 약속

유다 백성들이 다짐한 언약은 모세의 율법을 따라 하나님의 모든 계명과 규례와 율례를 지켜 행하는 것인데, 크게 여섯 가지 영역에서 약속이 이루어졌습니다.

첫째, 가정을 성결하게 지키겠다는 언약입니다(30). 아들과 딸을 이방인과 결혼시키지 않겠다는 다짐입니다. 오늘로 말하면 우리의 자녀들을 예수 믿지 않는 이들에게 시집보내고 장가보내는 일을 하지 않겠다는 말입니다. 이와 같은 통혼 금지는 혈통의 순수성을 보존하기 위한 인종적 금기가 아닙니다. 영적 순수성을 지키기 위한 종교적 결단일 뿐입니다. 모세도 구스, 즉 에티오피아 여인과 결혼했고, 여리고의 기생 라합과 모압 여인 룻은 예수님의 족보에까지 올랐지만 모두 이방 여인들이었습니다. 그러기에 이방인과 결혼을 하지 않겠다는 서약은 그들의 종교문화에 영향을 받아 신앙의 순수성을 희석시키지 않겠다는 신앙적 다짐이지요.

바벨론 포로생활을 했을 때에나 예루살렘으로 귀환한 후에나 유다 백성들은 자주 지속적으로 이방인들과 통혼해 왔습니다. 이러한 국제결혼은 단지 인종적 결합에 그친 것이 아니라 이방인들의 종교와 관습, 상업적 이해관계까지 끌어들이는 복잡한 관계그물을 의미했습니다. 솔로몬이 왜

망했습니까? 수많은 이방 여인들과 통혼함으로써 저들의 종교를 그대로 용인했고 온갖 우상 잡신을 위한 신전과 사당을 버젓이 지어 주었기 때문입니다. 신앙의 순수성을 잃고 종교적 혼합주의를 조장했기 때문에 마침내 솔로몬 사후(死後)에 나라가 두 동강 났던 것이지요.

유다 백성들이 가장 먼저 가정에서부터 성결을 유지하겠다고 결심한 것은 의미가 큽니다. 공산주의와 같은 전체주의 사회는 가정부터 무너뜨린 다음에 사람들을 교묘하게 조작하고 지배합니다. 가정이 무너지면 세상이 무너집니다. 우리의 자녀들이 이방문화에 노출되어 이방인의 풍습을 그대로 따라 영영 하나님 신앙으로부터 멀어진다면 이보다 더 큰 불행은 없을 것입니다.

둘째, 안식일과 안식년을 엄수하겠다는 언약입니다(31). 유다가 포로 생활을 하면서 가장 지키기 어려웠던 계명이 바로 안식일에 대한 계명이었을 것입니다. 생존 자체가 제일 큰 관건이었기에 안식일에 대한 세세한 규례를 다 지키기에는 너무도 힘들었을 것입니다. 하지만 새 예루살렘을 건설하면서 사람들은 말씀에 나와 있는 대로 안식일부터 철저히 지키겠다고 다짐합니다. 십계명 중에서 하나님이 친히 모범을 보여 주신 유일한 계명이 안식일이기에 안식일에는 상거래 행위를 중단하고 철저히 쉬겠다고 다짐합니다. 설령 경제적 손해가 올지라도 단호하게 안식일을 성수하겠다는 것이지요.

또한 6년 동안 땅을 경작하고 7년째 땅을 쉬게 하는 제도(출 23:10~11; 레 25:1~7, 20~22; 신 15:1~11)와, 6년이 지난 뒤 7년째 되는 해에 빚을 탕감해 주는 안식년 제도(출 21:2 참조)도 온전히 지키겠다고 서약합니다. 안식일을 제대로 준수하지 못했기 때문에 바벨론 포로로 잡혀

갔고, 포로기 70년 동안 유다 땅이 황폐케 되자 그동안 땅들이 누리지 못했던 안식일을 다 누리게 되었다는 사실입니다(대하 36:21). 이제 이러한 사실을 인정하고 성일(聖日)을 말 그대로 거룩한 날로 에누리 없이 지키겠다고 다짐한 것이지요.

셋째, 성전세를 철저히 납부하여 성전 관리에 만전을 기하겠다는 언약입니다(32~33). 모세 시대에 성막을 유지하기 위해 일시적으로 반 세겔을 세금으로 걷은 적이 있습니다(출 30:11~16). 인구 조사를 할 때 20세 이상 모든 성인이 반 세겔을 의무적으로 드렸던 것이지요. 요아스 왕 시대에 성전 수리를 위해서 다시 이 성전세를 시행했습니다(왕하 12:4~5). 그런데 느헤미야 시대에는 해마다 3분의 1세겔을 성전세로 바치겠다고 세율을 줄여서 서약합니다. 경제 사정이 어려운 것을 감안해서 성전세의 부담도 다소 줄였는데, 그러다가 예수님 시대에 오면 다시 반 세겔을 성전세로 드리게 됩니다.(마 17:24)

'하나님의 전'이라는 말이 10장에만 아홉 번이나 등장하는데, 유다는 성전세를 제대로 드림으로써 "하나님의 전을 버려두지 않겠다."(39)는 단호한 결심을 합니다. 성전세는 규정된 제사와 절기를 지키는 데 필요한 경비로 사용할 것을 분명히 천명합니다. 성전세는 오늘로 말하면 교회를 유지하고 관리하기 위해 필요한 모든 경비를 교인들이 헌금을 해서 부담하는 것에 견줄 수 있습니다.

넷째, 성전에 땔 나무와 첫 열매를 바치는 일에 철저하겠다는 언약입니다(34~35). 율법은 성막의 제단 위에 있는 불이 꺼지지 않고 계속 타오르게 하기 위하여 매일 아침마다 제단 위에 장작을 지필 것을 명령합니다(레 6:12~13). 이러한 율법 요건을 지키기 위해 제사장이나 레위인이나 일반 백성을 불문하고 제비를 뽑아 순번을 정한 뒤 각 집안마다 지정된 기한에 나무를 직접 벌목해서 드리기로 했습니다. 또한 밭에서 경작하고 가꾼 농작물의 첫 열매를 성전에 바치기로 했습니다(출 23:19; 신 26:1~11 참조). 농작물에 대한 하나님의 소유권을 인정한다는 뜻이지요.

이와 같이 나무와 첫 열매를 성전에 바치겠다는 서약은 단지 돈으로 성전세를 납부하는 것으로 그치지 않고, 직접 땀 흘려 노동해서 얻은 소중한 것을 바친다는 의미에서 참 아름답습니다. 오늘로 치면 단지 헌금만 드리는 것이 아니라 시간과 물질과 봉사를 모두 드리는 전인적 헌신을 아낌없이 하겠다는 다짐이지요.

다섯째, 모든 첫 것을 하나님께 철저히 바치겠다는 언약입니다(36). 하나님께서 애굽에서 이스라엘 백성들의 모든 장자를 살려 주셨기 때문에 율법은 사람이든 짐승이든 모든 초태생은 하나님의 것이라고 규정했습니다(출 13:1~16; 레 27:26~27). 이렇게 맏아들과 가축의 첫 새끼를 하나님께 바치겠다는 약속은 생명의 소유권이 하나님께 있음을 전적으로 인정하는 것입니다. 하나님이 우리를 지으셨고 예수 그리스도의 십자가와 부활을 통해 우리를 죄와 죽음에서 건지셨으므로 우리의 생명은 주님의 것입니다. 그러기에 날마다 우리의 첫 것, 즉 가장 귀한 것을 주님께 바쳐야 하겠지요.

여섯째, 십일조를 온전히 드리겠다는 언약입니다(37~39). 가장 귀한 예물, 즉 처음 익은 밀의 가루와 온갖 과일 나무의 열매와 새 포도주와 기름을 가져다가 제사장 몫으로 성전 창고에 넣기로 했습니다. 밭에서 나는 곡물의 십일조, 즉 최고 중의 최고를 레위인의 몫으로 드리기로 한 것입니다. 모든 소산의 10분의 1은 하나님의 것이므로 하나님의 일을 맡은 레

위인들을 위해 기꺼이 바쳐야만 했습니다.(레 27:30~34)

십일조를 거두어들인 레위인들은 그것의 십일조를 다시 성전 창고의 여러 방에 두겠다고 했습니다. 제사장들을 위하여 그렇게 하겠다는 것이지요(민 18:25~32 참조). 레위인들 가운데에서도 아론의 후손만이 제사장이 될 수 있었는데, 레위인들이 백성들로부터 십일조를 거두러 다닐 때에는 아론의 자손인 제사장 한 사람이 반드시 동행하도록 하겠다는 서약도 합니다. 부정한 일을 막기 위한 조처일 수도 있지만, 적어도 십일조와 관련해서 제사장이 갖는 특권을 인정하겠다는 뜻입니다.

사실 유다 백성들이 성전을 간신히 재건한 뒤 가장 등한시한 일이 바로 십일조생활이었습니다. 먹고 사는 것 자체가 힘들었으니 십일조를 드릴 여유가 없었겠지요. 십일조를 제대로 내지 못하니 성전 관리가 엉망이 되었고, 백성들이 바친 십일조로 생계를 유지해야 하는 레위인들과 제사장들 역시 생계유지가 안 되니 성전을 떠나는 일이 속출했을 것입니다. 그러기에 온전한 십일조 드리기를 다시 서약하는 것은 단순한 돈의 문제가 아니라, 유다의 국혼(國魂)인 성전이 제 기능을 되찾고 성직자들을 본연의 임무로 돌아오게 하겠다는 상징적 의미가 있습니다.

윈스턴 처칠 경 Sir Winston Leonard Spencer-Churchill(1874~1965)이 말했습니다. "우리는 얻는 것으로 삶을 꾸려 나가고 남에게 베푸는 것으로 인생을 가꾸어 나간다." 하나님 앞에 바치는 십일조를 비롯한 각양 예물은 특히 우리의 삶을 의미 깊고 풍요롭게 만듭니다. 우리가 번 돈을 자신과 가족만 위해서 쓰면 그것은 생계유지를 위한 것에 지나지 않습니다. 하지만 하나님과 교회와 이웃을 위해 성별해서 드리는 예물은 하늘에 보물을 쌓는 것이므로, 다름 아닌 우리의 인생을 의미 있고 풍요롭게 만드는 헌신입니다.

언약 선언문의 세 가지 특징

유다 백성들의 거룩한 서약은 "우리가 우리 하나님의 전을 버려두지 아니하리라."는 결단으로 마무리됩니다. 민족혼이 송두리째 서려 있는 성전 중심으로 살겠다는 각오이지요!

이 언약은 크게 세 가지 특징을 가집니다. 첫째로 철두철미 하나님의 말씀에 따라 살 것을 결심한 언약입니다. 수문 앞 광장 대사경회 때부터 하나님의 말씀에 매료된 사람들은 무엇보다도 하나님이 주신 말씀대로 살겠다는 각오를 다져왔습니다. 그러기에 앞에서 살펴본 여섯 가지 세부적인 결단 모두는 하나님의 말씀에 대한 재발견과 말씀대로 살겠다는 집단적 결의에 다름 아닙니다.

실로 루터의 종교개혁을 비롯한 모든 개혁 운동, 갱신 운동, 대부흥 운동, 대각성 운동은 하나님의 말씀에 대한 재발견과 재해석으로부터 촉발되었습니다. 루터는 카를 5세가 보름스 국회 심문에 자신을 소환했을 때 "설사 보름스 시내 지붕의 기와가 모두 적이 되어 습격해 온다고 해도 나는 내 길을 간다."라고 당당히 말했습니다. 하나님의 말씀이 진리요 생명이라는 확신이 있었기에 그 어떤 회유와 협박에도 굴하지 않았던 것이지요. 오늘도 진정한 개혁과 갱신을 원한다면 우리는 성경으로 돌아갈 수밖에 없습니다. 느헤미야를 비롯한 유다 백성들이 그랬던 것처럼 우리는 개혁의 당위성이나 내용과 방법을 오직 하나님의 말씀에서만 찾을 수 있기 때문입니다.

둘째로 성전의 유지 관리에 각별한 주의를 기울입니다. 오랫동안 무너졌던 성전을 다시 세운 것은 무너진 국혼을 다시 세운 것이지요. 하지만 건물을 세운 것보다 훨씬 더 중요한 과제는 성전을 들락거리는 사람들을 다시 세우는 일입니다. 하나님의 전, 즉 하나님이 거하시는 거룩한 집이 제 기능을 다해야 합니다. 성전을 돌보고 제사를 주관하는 레위인들과 제사장들이 제자리로 복귀해야 합니다. 성직자야말로 그 시대의 양심과 정신의 상징인데, 이들의 궤도 이탈은 종교 그 자체가 궤도를 이탈하여 비탈길로 탈선하고 있다는 말이 됩니다. 다른 누구보다도 백성들이 이 사실을 먼저 알았기에 성전의 모든 제의 기능이 원상회복되고 성직자들을 원위치시키기 위해서 그 어떤 희생과 뒷바라지도 아끼지 않겠다고 다짐합니다. 오늘 우리 그리스도인들도 예수 그리스도의 새로운 성육신의 신비인 교회를 사랑하고 교회와 목회자들이 제 기능을 다할 수 있도록 아낌없는 헌신을 다해야 할 것입니다.

셋째로 백성들의 책임감이 두드러집니다. 10장 전체에서 '우리'라는 공동체적 용어가 빈번하게 등장합니다. 하나님과 사람 앞에 서약한 것을 지키는 일에는 너와 내가 따로 없다는 공동체적 결속의 의미입니다. 하나님 앞에서 했던 약속은 이제 유다 공동체에 속한 모든 이들이 다 함께 이루어야 할 공동 책임입니다. 변해야 산다! 하나님의 말씀대로 살아야지만 다시는 나라를 잃고 포로로 잡혀가는 비극을 당하지 않으리라는 굳센 결단을 내립니다.

느헤미야 11:1~12:26

백성의 지도자들은 예루살렘에 거주하였고 그 남은 백성은 제비 뽑아 십분의 일은
거룩한 성 예루살렘에서 거주하게 하고 그 십분의 구는 다른 성읍에 거주하게 하였으며
예루살렘에 거주하기를 자원하는 모든 자를 위하여 백성들이 복을 빌었느니라
이스라엘과 제사장들과 레위 사람들과 느디님 사람들과 솔로몬의 신하들의 자손은
유다 여러 성읍에서 각각 자기 성읍 자기 기업에 거주하였느니라 예루살렘에 거주한 그 지방의 지도자들은 이러하니
예루살렘에 거주한 자는 유다 자손과 베냐민 자손 몇 명이라 유다 자손 중에는 베레스 자손 아다야니
그는 웃시야의 아들이요 스가랴의 손자요 아마랴의 증손이요 스바댜의 현손이요 마할랄렐의 오대 손이며
또 마아세야니 그는 바룩의 아들이요 골호세의 손자요 하사야의 증손이요
아다야의 현손이요 요야립의 오대 손이요 스가랴의 육대 손이요 실로 사람의 칠대 손이라
예루살렘에 거주한 베레스 자손은 모두 사백육십팔 명이니 다 용사였느니라

chapter 15

예루살렘에 십일조로 바쳐진 사람들

느헤미야 11:1~12:26

사람 사는 도시가 되어야

느헤미야에는 지루한 명단이 자주 등장합니다. 우리 자신이나 가족과 상관없는 이름이 튀어나오면 대개 따분하게 생각하지요. 그래서 성경에 낯선 이름들이 장황하게 소개될 때마다 무조건 건너뛰려고 할 때가 많습니다. 하지만 느헤미야에게 이런 개인 이름들은 너무도 소중했습니다. 왜냐하면 이 사람들이야말로 새 예루살렘 건설의 주역일 뿐만 아니라, 장차 예수님이 오실 때까지 400여 년 동안 유다의 민족적 정체성을 꾸준히 이어 나간 그루터기요, 남은 자들이었기 때문입니다.

바벨론에 의해 돌 하나 남김없이 무너진 예루살렘은 장장 141년 동안이나 방치되었습니다. 성벽이 무너졌으니 방어력이 사라졌고, 치안 부재의 상황에서 어떤 시민도 보호해 줄 수 없으니 사람들이 터 잡고 살려고 하지 않았습니다. 외적이 침입할 경우 시골에서는 사방이 뚫려 있어 어디

개혁지도자 느헤미야 193

로든지 도망칠 수 있습니다. 기껏해야 가축이나 곡물 정도 빼앗길 뿐 인명을 구할 길이 열려 있습니다. 하지만 성곽이 무너진 도시는 전쟁이 일어나도 살아남을 길이 없습니다. 예루살렘은 이처럼 사람이 살지 않는 음산한 도시가 되다 보니 멋대로 자라난 잡풀과 나무만 무성했겠지요.

포로생활을 마치고 예루살렘에 돌아온 귀환자들에게 가장 시급한 일은 끊어진 유다 민족의 정통성을 다시 이어 가는 일이었습니다. 이 엄청난 목적을 위해 제사장인 에스라를 중심으로 먼저 예루살렘 성전을 재건했습니다. 연이어 총독 느헤미야를 중심으로 성벽도 중건했습니다. 새 예루살렘을 건설해서 유다 민족의 정통성을 이어 나가는 데 '성전'과 '성벽'은 결정적으로 필요한 두 상징 체계였습니다. 적의 침략으로부터 국민의 생명과 재산을 보호해 주는 성벽과 유다의 종교 센터인 성전은 찢어진 민족을 하나로 통합해 주는 상징물이었습니다. 하지만 영적인 구심점인 토라, 즉 하나님의 말씀이 먼저 세워지지 않으면 아무 소용이 없습니다. 바로 이런 이유 때문에 유다 백성들은 말씀으로 돌아가 대대적인 회개 운동을 벌였고, 구체적인 언약 선언문을 작성해서 온 백성들이 지켜보는 가운데 84인의 민족 대표들이 서명까지 했던 것이지요.

이런 일이 있은 후 대대적인 예루살렘 인구 재배치가 단행됩니다(11~12장). 이미 살펴본 대로 예루살렘 성읍은 크고 넓으나 인구가 얼마 안 되고, 제대로 지은 집도 몇 채 되지 않았습니다(7:4 참조). 성전을 다시 짓고 성벽을 다시 쌓아 올렸다고는 하나 예루살렘은 너무나 오랫동안 폐허로 내동댕이쳐져 있었습니다. 이처럼 141년 동안 주인 없이 버려진 땅에 이런저런 이해관계로 얽히고설킨 세력들만 주변에 독버섯처럼 둥지를 틀고 있었습니다. 그래서 이들은 느헤미야가 성벽을 쌓아 올릴 때부터 온갖 집요한 공작과 방해를 자행했던 것이지요. 이제 성벽을 쌓은 뒤 느헤미야는 예루살렘 성을 명실상부한 일국의 수도로 발돋움시키기 위해 가장 긴요한 일이 인구 재배치임을 깨닫고 이 프로젝트를 한 치의 빈틈도 없이 밀고 나갑니다.

지금이야 전 세계 어느 나라이건 도시마다 인구가 넘쳐나서 탈입니다. 큰 도시에 못 살아서 안달이 난 그런 시대에 우리는 살고 있습니다. 그래서 세계 어느 곳이든 사람들이 대부분 대도시에 집중해서 삽니다. 하지만 느헤미야 시대에는 달랐습니다. 자신이 터 잡아 살고 있는 고향집을 떠나 예루살렘으로 들어간다는 것은 갖은 위험에 노출되는 일이었고, 아직 도시 안에서 해야 할 일이 산더미 같기에 각종 벅찬 과제들을 떠맡아야 하는, 고생길이 훤한 일이기도 했습니다. 오늘로 치면 교회를 더 잘 섬기기 위해 아이들에게 좋은 학군이나 편리한 교통, 직장 환경 등을 포기하고 교회 근처로 이사하는 일과 비슷한데, 대개 이런 일은 쉽지가 않습니다. 믿음의 큰 결단 없이는 이루어질 수 없습니다. 이처럼 예루살렘 인구 재배치 역시 적지 않은 자기희생을 요구했는데, 그렇다고 해서 가기 싫다는 사람을 무력을 써서 억지로 가게 할 수도 없는 노릇이지요.

인구 재배치 전략

이토록 험난한 인구 재배치는 어떻게 이루어졌을까요?

크게 두 가지 방법으로 실시됩니다(1~2). 먼저 백성의 지도자들은 무조건 예루살렘에 거주하도록 했습니다. 예루살렘 성을 방어하고 유지 관리해 나가는 일에 지도자들부터 솔선수범하도록 했다는 말입니다.

둘째로 지도자들 이외의 남은 백성은 제비뽑기를 해서 예루살렘 입주자들을 정했습니다. 여기에서 뽑힌 10분의 1은 예루살렘에 들어가 살았고 나머지 10분의 9는 계속 자기 동네에 살게 했습니다. 하나님께 곡식의 십일조를 온전히 바치겠다고 약속한 유다인들이 한 걸음 더 나아가 인구의 십일조도 하나님께 바친 것이지요.

이들 예루살렘에 새롭게 둥지를 틀어야 할 십일조 백성들은 상시(常時)로 위험에 노출되어야 할 뿐 아니라, 지금까지 가꾸어 온 일체의 터전을 포기하고 새롭게 출발해야 합니다. 불편한 일이 한두 가지가 아닙니다. 하지만 그들은 기꺼운 마음으로 순종합니다. 제비를 뽑아서 자기 가족이 결정되었다고 할지라도 그것을 하나님의 뜻으로 믿고 그대로 따릅니다. 제비 뽑아 결정된 10분의 1 이외에 자원하는 사람들이 또 있었습니다. 가시밭길을 스스로 선택한 사람들의 모습이 너무도 기특해서 백성들은 이들에게 복을 빌어 주었습니다.(2)

예루살렘에 이주할 사람들의 명단도 눈여겨볼 만합니다. 크게 세 부류의 이주민들이 등장합니다. 첫째, 유다 지파 두 가문(4~6)과 베냐민 지파 세 가문(7~9) 출신으로 구성된 지도자 가문입니다. 솔로몬 사후에 남북 왕국으로 분열될 때 유다 지파와 베냐민 지파가 연합해서 세워진 나라가 남유다였고 유다의 수도가 바로 예루살렘이었습니다. 나머지 10지파는 사마리아를 수도로 삼아 북이스라엘로 분리되었는데, 북이스라엘이 먼저 기원전 721년에 앗수르 제국에 의해서 멸망당했고, 앗수르 제국의 연이은 잡혼(雜婚) 정책에 따라 이스라엘 사람들은 혈통적 순수성을 상실했습니다. 물론 남유다 왕국도 기원전 586년에 바벨론 제국에 의해 망하기는 했지만 이스라엘 민족의 정통성은 북이스라엘이 아닌 남유다를 통해 계승된다고 봐야 합니다. 그러기에 새 예루살렘에 입주할 사람들은 유다 지파와 베냐민 지파를 근간으로 하는 유다 왕국의 정통성을 합법적으로 계승하는 후손들이어야만 했던 것입니다.

둘째로 제사장 가문이 등장합니다(10~14). 셋째로 레위 가문(15~18)도 있습니다. 넷째로 성문지기들과 성전 봉사자들, 노래하는 이들, 오늘로 말하면 찬양대원들로 이루어진 이런저런 봉사자 가문의 목록이 등장합니다(19~24). 특히 성전 봉사자들의 면모를 눈여겨봐야 합니다. 성전 일을 맡아보는 봉사자의 숫자가 무려 822명에 달했습니다(11~12). 예루살렘을 거룩한 도시로 만드는 데 성전을 관리하고 유지 보수하는 일이 절대적으로 중요하다고 믿었기에 이렇게 많은 숫자의 사람들이 자원해서 봉사했던 것이지요.

성전 바깥일을 맡은 사람들도 중요합니다(16). 게다가 성전 문을 지키는 성전 문지기가 284명이나 되었습니다(19). 대개 성전 안에서 하는 일은 중요하고, 바깥일은 그다지 중요하지 않다고 생각하기 쉽습니다. 오늘로 치면 예배당 안에서 예배하는 일, 특히 예배 인도를 맡은 사람들은 중요하지만, 바깥에서 경비를 서거나 차량 안내를 하거나 주방에서 봉사 사역을 하는 이들은 그리 중요하지 않다고 여기는 것과 마찬가지입니다. 하지만 여기 성전 바깥일을 맡아 봉사하던 레위인 족장 삽브대와 요사밧이 당당히 명단에 등장하는 것처럼, 교회 바깥에서 이름도 빛도 없이 봉사하는 모든 이들, 예컨대 경비를 서는 이들과 차량 안내와 여러 잡무에 봉사하는 이들, 주방 일을 맡은 이들, 이 모든 분들은 소중한 일을 한다는 자부심이 있어야 할 것입니다.

찬송과 기도를 인도하는 사람도 등장합니다(17). 맛다냐라는 사람이지요. 맛다냐는 예배를 드릴 때 기도를 이끄는 인도자였습니다. 예배가 은혜롭게 드려지기 위해 기도의 헌신자들보다 더 중요한 이들은 없습니다. 오늘로 치면 예배를 위한 중보기도자들 역시 하나님의 교회를 이끌어 가는 데 중요한 봉사를 한다는 확신이 있어야 할 것입니다.

웃시라는 노래하는 자도 중요합니다(22). 웃시는 아삽의 자손으로 소개됩니다. 아삽은 다윗과 함께 시편의 찬송시를 10편 이상이나 만든 찬양대의 조상입니다. 그 아삽의 자손인 웃시는 아마도 찬양대 지휘자쯤 되어서 예배할 때 찬양을 인도하고 찬양대원들을 이끌어 가는 역할을 맡았던 것 같습니다. 하나님의 교회에서 찬양대원들이 하는 역할은 새삼 강조할 필요가 없겠지요. 경배와 찬양으로 헌신하는 찬양대원들은 예배에서 천사의 역할을 맡았다는 소명감과 자부심이 있어야 할 것입니다.

예루살렘 성 내부에 재배치된 주민 목록이 소개된 후 예루살렘 성 외곽에 사는 주민들의 명단이 등장합니다(25~36). 성 바깥에 산다고 해서 아무렇게나 살게 하지 않았고 가문에 따라 질서정연하게 배치시켰습니다. 그런 뒤 성벽 봉헌 예식을 갖기 전 다시 한 번 제사장과 레위인의 목록을 확인합니다(12:1~26). 이와 같이 성전 예배와 유지 관리를 책임지는 제사장과 레위인의 명단을 성벽 봉헌식 전에 소개하는 것은 예루살렘을 하나님의 도성으로 재건하는 일에 있어서 신앙이 얼마나 중요한가를 일깨워 줍니다.

예루살렘 인구 재배치의 특징

11~12장에 등장하는 예루살렘 이주민들의 숫자를 계산해 보면 성인 남자들만 3,044명이 됩니다. 여기에다가 여성들과 어린이들까지 합할 경우 느헤미야 시대의 예루살렘의 인구는 약 1만 명에 육박합니다. 이 1만 명

은 전체 인구의 10분의 1이기 때문에 유다의 전체 인구는 10만 명 가까이 된다는 통계가 나옵니다. 이들이야말로 포로 귀환 이후에 영영 맥이 끊어질 뻔했던 이스라엘 민족의 정통성을 예수님 오실 때까지 무려 400년 가까이 계승해 온 새 역사 창조의 주역들입니다.

느헤미야의 예루살렘 인구 재배치 프로젝트에서 부각되는 특징은 조직 구성에 대한 빼어난 전략과 백성들의 자발적인 참여와 헌신, 그리고 성전의 중요성입니다. 먼저 예루살렘에 배치된 사람들은 어중이떠중이 아무나가 아닙니다. 주로 혈통적으로 유다 민족의 정통성을 확인받은 이들이 들어갔습니다. 11장에서 예루살렘 이주민들의 명단을 소개할 때의 순서는 지도자 → 제사장 → 레위인 → 기타 봉사자 순으로 되어 있습니다. 지도자와 제사장, 레위인은 족보까지 일일이 따져가며 혈통의 순수성을 검증한 뒤 예루살렘에 입주시켰겠지만, 도시생활을 실제적으로 이끌어 가야 할 사람들은 제비 뽑아 선정된 십일조 백성들이었을 것입니다. 교사, 농부, 상인, 대장장이, 건축인 등등 한 사회가 굴러가기 위해 필요한 모든 실무적인 일들은 이 10분의 1에 속한 사람들이 했겠지요. 중요한 것은 이러한 목록 순서가 그 시대의 사회상과 권력 서열을 반영한 순서라는 사실입니다. 느헤미야는 철저히 위계질서를 정해서 이들을 예루살렘에 배치했습니다. 이것은 시정 지도자들에게만 국한된 것이 아니었고 제사장, 레위인, 심지어 성전에서 막일을 하는 일반 봉사자에 이르기까지 철저히 위계질서를 따라 조직되었습니다. 느헤미야가 뛰어난 행정가요 전략가임을 다시 한 번 입증하는 대목입니다.

둘째로 예루살렘에 이주한 사람들의 열성적인 참여와 헌신이 눈에 띕니다. 전체 인구 중에 10분의 1이 제비를 뽑아 결정됐는데 이들은 불평하

개혁지도자 느헤미야 199

거나 거부하지 않고 자원해서 들어갔습니다. 오늘과 똑같은 민주주의적인 방식이었다고는 말하기 어렵지만 결코 강압적이지 않았습니다. 특히 성전에서 자원해서 봉사한 이들 가운데 상당수는 이름은 밝히지 않고 숫자만 밝히고 있습니다. 절대 다수가 무명의 자원 봉사자들이었다는 사실을 암시합니다. 하나님은 이들 무명의 봉사자들을 기억하십니다.

셋째로 예루살렘 인구 재배치와 도시 재건설 프로젝트는 철두철미 성전 중심으로 진행되었습니다. 이스라엘이 새로운 나라로 거듭나기 위해서 가장 긴요한 일은 민족의 정체성을 회복하고 중단된 역사와 전통을 면면히 계승해 나가는 일이었습니다. 이 엄청난 과제를 위해서는 국민 통합이 절대적으로 필요했는데, 예루살렘 성전이 그 상징적인 역할을 했던 것이지요. 그러기에 느헤미야서에 자주 등장하는 인명 목록에는 유독 제사장들과 레위인들이 빠지지 않고 등장할 뿐 아니라 그 계보까지도 상세히 밝혀놓고 있습니다. 심지어 성전에서 막일을 하는 허드레 일꾼들까지 소상히 밝혀 놓은 것은 그만큼 성전 중심으로 국민 대통합을 이루겠다는 의지의 표현일 것입니다.

예루살렘 인구 재배치에 대한 기록을 읽으면서 오늘 우리는 그리스도인의 도시 재배치에 대한 전략을 숙고해 봐야 할 것입니다. 우리나라는 물론이고 전 세계 어느 곳이든지 사람들이 대도시에 몰려 삽니다. 그런데 대도시일수록 복음화율이 낮습니다. 대도시를 집중적으로 복음화시키기 위해서는 그만큼 전도자들과 헌신적인 봉사자들이 비례해서 많아야 할 텐데, 이상하게도 대도시일수록 그리스도인 봉사자들이 현격하게 모자랍니다. 더 많은 헌신적인 자원 봉사자들을 배치해야 합니다. 느헤미야 시대에 제사장들, 레위인들, 각종 성전 봉사자들이 헌신적인 수고와 봉사를 아끼지 않았던 것처럼 우리 시대에도 대도시마다 이런 봉사자들이 더욱 넘쳐나야 할 것입니다.

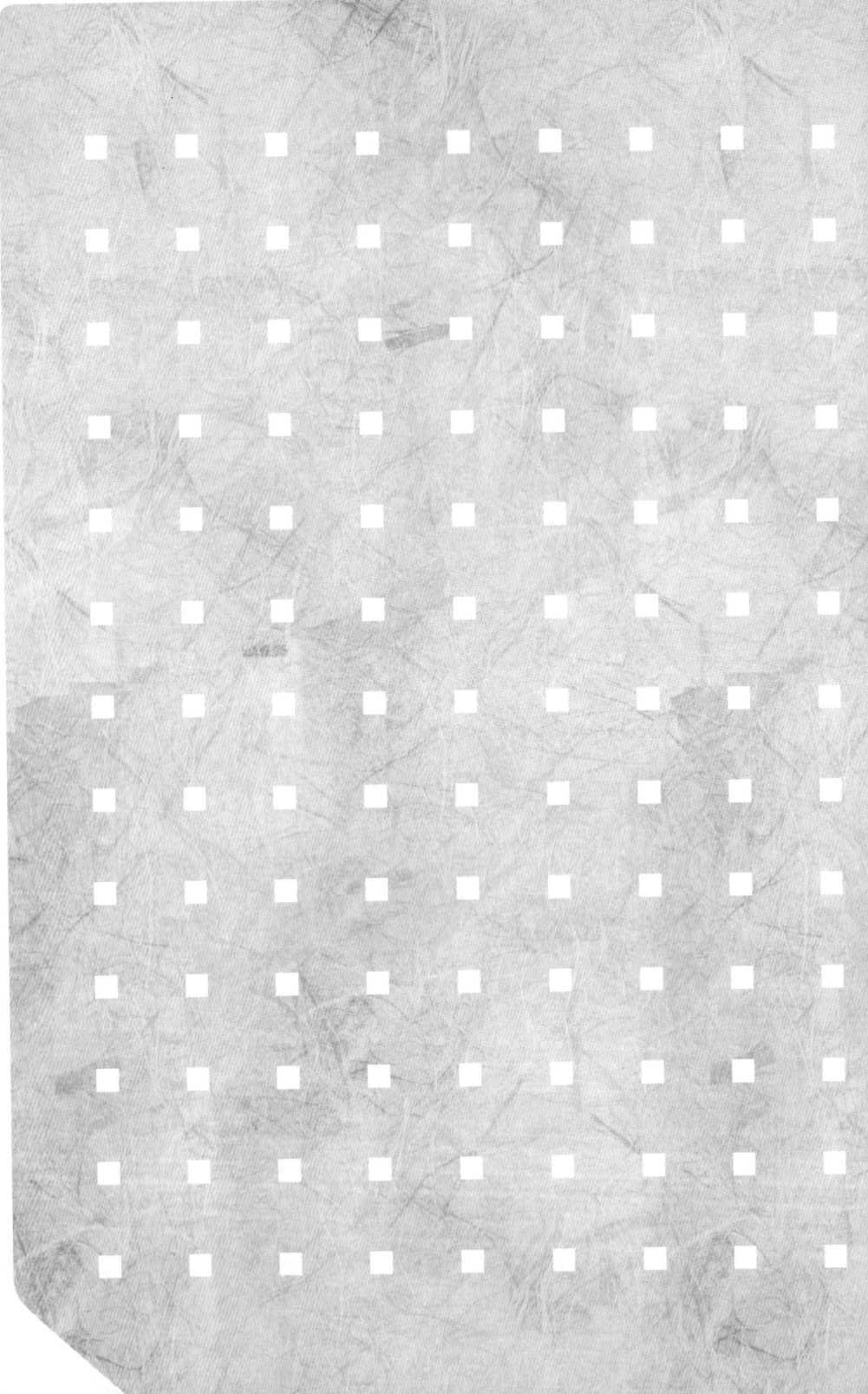

Nehemiah

개혁자의 최후
외롭고 높고 쓸쓸하게

III부

느헤미야 12:27~47

예루살렘 성벽을 봉헌하게 되니 각처에서 레위 사람들을 찾아 예루살렘으로 데려다가
감사하며 노래하며 제금을 치며 비파와 수금을 타며 즐거이 봉헌식을 행하려 하매
이에 노래하는 자들이 예루살렘 사방 들과 느도바 사람의 마을에서 모여들고
또 벧길갈과 게바와 아스마웻(아스마웻) 들에서 모여들었으니
이 노래하는 자들은 자기들을 위하여 예루살렘 사방에 마을들을 이루었음이라
제사장들과 레위 사람들이 몸을 정결하게 하고 또 백성과 성문과 성벽을 정결하게 하니라
이에 내가 유다의 방백들을 성벽 위에 오르게 하고 또 감사 찬송하는 자의 큰 무리를 둘로 나누어
성벽 위로 대오를 지어 가게 하였는데 한 무리는 오른쪽으로 분문을 향하여 가게 하니
그들의 뒤를 따르는 자는 호세야와 유다 지도자의 절반이요
:
:

chapter 16

성벽 봉헌 :
바닥에서 꼭대기로!

느헤미야 12:27~47

봉헌식이 늦추어진 이유

느헤미야서는 크게 두 부분으로 나누어집니다. 먼저 1~7장은 예루살렘 성벽 재건 작업을 알려 줍니다. 두말할 필요도 없이 이 토목 공사의 핵심 지도자는 유다 총독인 느헤미야입니다. 느헤미야와 유다 백성들은 100년이 걸려도 해내지 못했던 성벽 보수 작업을 불과 52일 만에 해냈습니다.

그런데 성벽 공사가 완료된 다음에 느헤미야서는 성벽 공사보다 훨씬 더 중요한 유다 백성들의 영적 부흥을 소개하고 있습니다. 8장 1절부터 성벽 봉헌식을 소개하는 12장 27절 바로 전 26절까지는 하나님의 말씀을 듣고 회개하고 삶이 변화되는 유다 백성들의 생생한 면모를 다각적으로 기록합니다. 예루살렘에 들어가 살 새로운 시민들의 인구 재배치도 소개합니다. 이와 같이 새로운 예루살렘 시민들을 세우고 그 시민들을 하나님께 다시 바치는 영성 대부흥 운동을 이끄는 주역은 당연히 제사장이요 학사인 에스라입니다. 종교 지도자가 전면에 등장해 눈부신 활약을 펼치는 동안 정치 지도자인 느헤미야는 잠시 옆으로 비켜나 있습니다.

물리적인 성벽 재건 공사와 영적인 시민 재건 운동은 문학적 구조로 볼 때에도 완연히 차이가 납니다. 1~7장까지 성벽 토목 공사를 소개할 때에는 1인칭 단수 주격을 써서 느헤미야의 주관적인 서술을 하다가, 8장 1절부터 12장 26절까지 수문 앞 대각성 운동을 비롯한 유다 백성들의 영적 부흥을 소개할 때에는 3인칭 주격을 써서 객관적인 서술을 합니다.

밖으로 성벽 재건 공사가 완료되었고, 안으로 새롭게 정비된 예루살렘에 거주할 시민들의 입주 준비 역시 완료되었을 때 그동안 미루어 온 성벽 봉헌식은 다시 1인칭으로 돌아와 독자들은 느헤미야의 주관적인 진술을 듣게 됩니다. 영적인 일은 영적인 지도자 에스라에게 잠시 맡긴 채 뒤로 물러나 있던 느헤미야가 다시 전면에 주역으로 등장한다는 사실을 시사합니다.

느헤미야는 일생일대에 다시 없을 기쁨과 감격의 순간인 성벽 봉헌식을 성벽 공사가 끝나자마자 곧바로 시작하지 않았습니다. 성벽보다 훨씬 더 중요한 성 안에 들어갈 사람들이 영적으로 준비가 된 다음에야 비로소 봉헌식을 거행했습니다. 그러기에 봉헌식은 단순히 건물의 낙성식이 아니라 새로운 건물과 새로운 사람이 연합하여 이루어 낸 종합적인 봉헌식이었습니다. 성벽을 보수하고 정비한 백성들이 영적으로 거듭나서 거룩한 새 예루살렘을 만들 준비가 완료되었을 그때에, 다시 말해 안과 밖의 모든 일이 정비되었다고 판단했을 때에 하나의 절정으로 일어난 사건이 봉헌식이었던 것이지요.

성벽 위에서 두 방향으로 행진하다

느헤미야는 유다 지도자들과 백성들을 성벽 위에 올라가게 해서 두 무리로 나뉘어 정반대 방향으로 행진하게 했습니다. 한쪽 무리는 에스라가 인도하고, 다른 한쪽 무리는 느헤미야가 인도했습니다. 정확히 말하면 에스라가 이끄는 무리는 선두에 호세아를 세운 채 유다 지도자들의 절반이 뒤따랐고, 7명의 지도자급 제사장들과 레위인 9명이 그 뒤를 뒤따랐습니다. 제사장들 중에 일부는 나팔을 잡고 따랐으며, 레위인들은 다윗이 만든 현악기를 손에 들고 따랐습니다(32~36). 악기를 손에 들었다는 사실로 보아 이들은 찬양대의 역할을 하면서 성벽을 돌았다는 말입니다.

느헤미야가 이끄는 무리는 반대편 방향으로 행진했습니다(38). 이 두 번째 무리 역시 맨 앞쪽에 찬양대가 서고 그 뒤에 백성들의 절반이 뒤따라 걸었는데 바로 그 백성들 뒤쪽에 느헤미야가 합류했고, 그 다음에 백성의 지도자 절반이(40), 7명의 제사장들이(41), 마지막으로 9명의 레위인들이(42) 각각 뒤따릅니다. 흥미로운 것은 느헤미야가 선두에 서지 않고 백성의 절반과 더불어 그 뒤를 따라서 성벽 위를 돌았다는 사실입니다(백성들의 나머지 절반은 논리적으로 추론해 볼 때 에스라가 이끄는 무리 속에 섞여서 행진했을 것입니다). 맨 앞쪽에 서기보다 백성들 속에 들어가 그들과 함께 봉헌의 기쁨을 누리려는 느헤미야의 겸손한 모습을 읽을 수 있습니다.

에스라가 이끄는 행렬과 느헤미야가 이끄는 행렬은 모두 성벽의 중간 지점인, 서쪽 성벽의 골짜기 문에서 출발했습니다. 먼저 에스라가 인도하는 행렬은 골짜기 문에서 오른쪽으로, 즉 시계 반대 방향으로 성 남쪽에 있는 분문과 그 다음의 샘문을 거쳐 성 동쪽에 있는 수문을 향해서 행진합니다(31~37). 느헤미야가 이끄는 행렬은 골짜기 문에서 출발하여 왼쪽

예루살렘 성벽 위에서 치러진 봉헌 예식 상상도

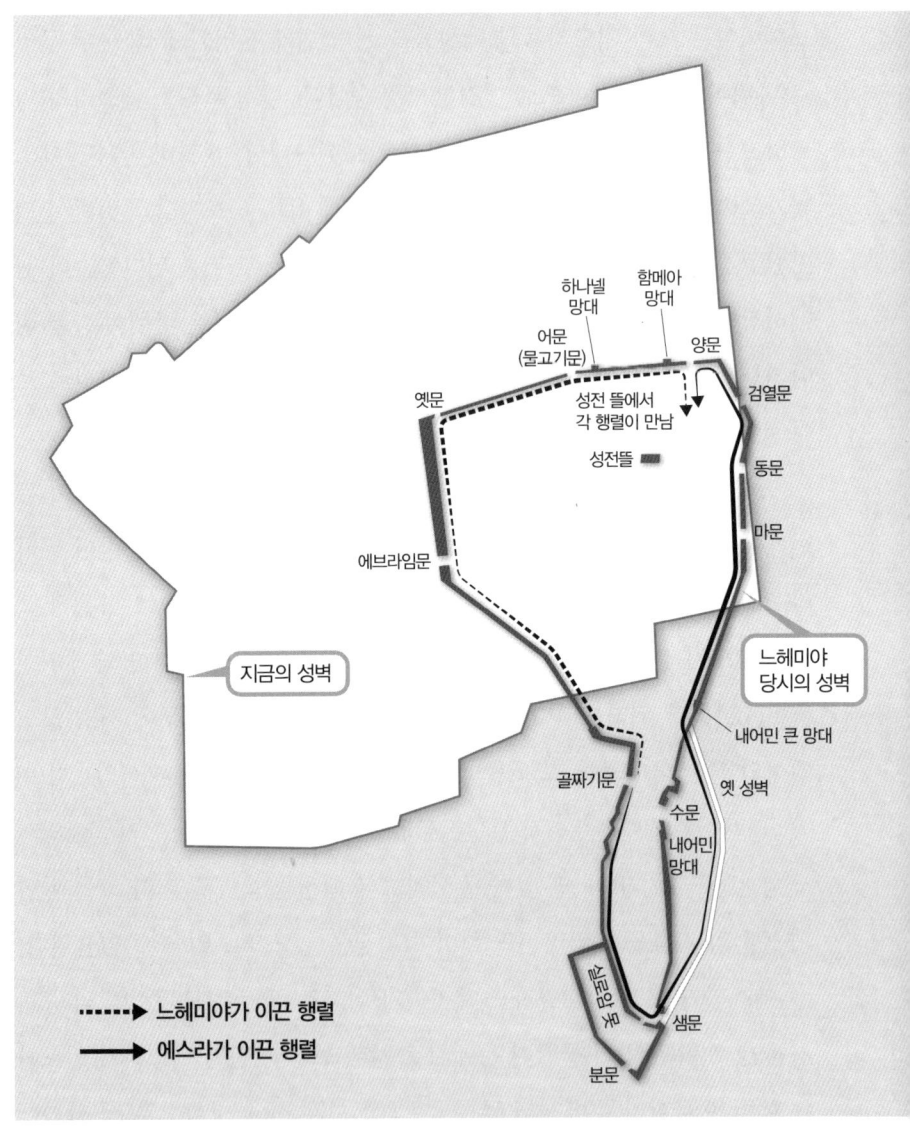

에스라와 느헤미야가 이끈 행렬이 서쪽 골짜기 문에서 출발하여 성전 뜰에서 합류한 성벽 봉헌식 진행 장면

🏛 **에스라가 이끈 행렬**

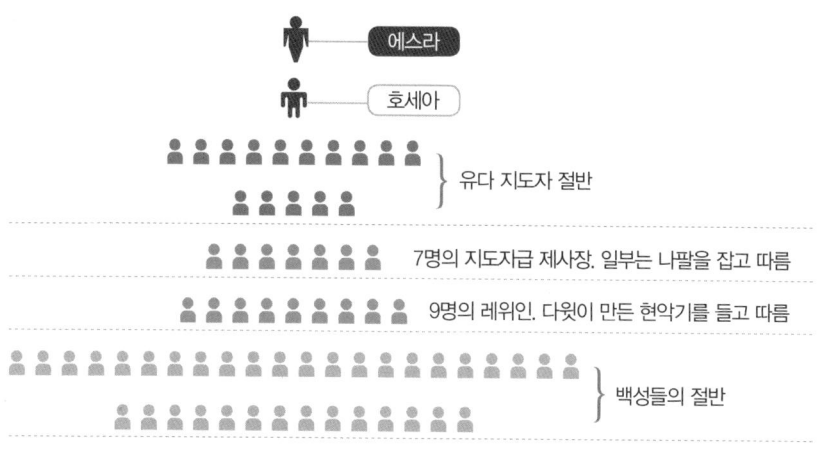

🏛 **느헤미야가 이끈 행렬**

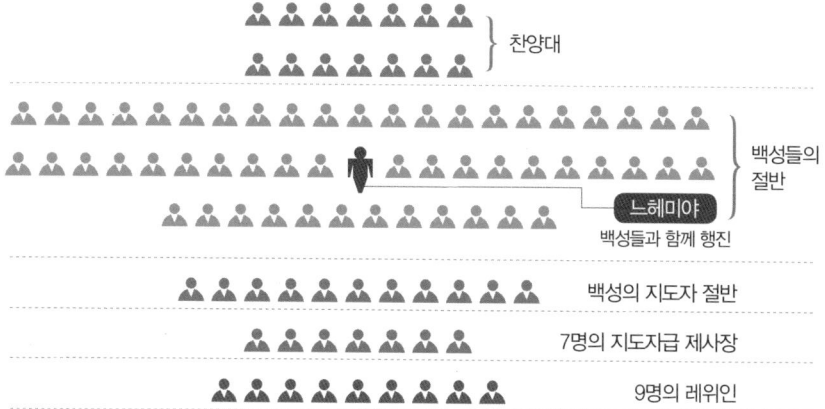

으로, 즉 시계 방향으로 성벽 북쪽으로 올라갔는데 에브라임 문 위를 지나 옛 문과 물고기 문과 하나넬 망대와 함메아 망대를 지나서 양문에까지 이르러 마침내 성전으로 들어가는 문에서 멈추어 섰습니다.

성벽 위 행진에서 가장 중요한 대목은 출발은 같은 지점에서 했지만 정반대 방향으로 돌았던 두 무리가 합류한 지점이 정확히 어디냐 하는 것입니다. 그곳은 바로 예루살렘 성전 뜰이었습니다! 출발지인 골짜기 문에서 남쪽을 거쳐 동북쪽을 향하여 행진한 에스라 행렬과 골짜기 문에서 출발해 서북쪽을 향하여 행진한 느헤미야 행렬은 성벽을 각각 반 바퀴씩 돌아 북쪽에 있는 성전 뜰에서 만났습니다.

두 지도자 에스라와 느헤미야는 각각 성전과 성벽을 상징하는 인물입니다. 느헤미야가 재건한 성벽 위를 두 무리가 각각 반 바퀴씩 돌아서 제사장 에스라가 주관하는 성전에서 합류했다는 사실은 굉장히 중요한 상징적 의미가 있습니다. 성벽 위를 보란 듯이 보무도 당당하게 걸었던 두 무리의 백성이 다름 아닌 성전에서 만났다는 사실이야말로 예루살렘 성전이 유다 백성들의 중심지라는 사실을 보여 줍니다.

그렇다면 느헤미야는 왜 유다 백성들로 하여금 곧바로 성전 뜰로 모이게 하지 않고 성벽 위를 걸어서 행진한 다음 굳이 성전에서 결집하도록 했을까요? 먼저 엄청난 숫자의 사람들이 성벽 위에 올라갔다는 사실이 성벽의 튼실함을 입증해 주는 일대 사건이었겠지요. 느헤미야와 유다 백성이 한창 성벽 보수 작업을 서두르고 있을 때 원수들의 조롱은 하늘을 찌를 듯했습니다. 사마리아 총독 산발랏은 동료들과 사마리아인들이 듣는 가운데 공개적으로 비웃었습니다. "힘도 없는 유다인들이 도대체 무슨 일을 하는 거냐? 이 성벽을 다시 쌓는다고? 여기에서 제사를 지내겠다는 거냐? 하루 만에 일을 끝낸다는 거냐? 불타 버린 돌을 흙무더기 속에서 다시 꺼내서 쓸 수 있다는 거냐?"(4:2) 산발랏 곁에 서 있던 암몬인 도비야는 한술 더 떠 "성벽을 쌓아봤자 여우 한 마리만 기어 올라가도 무너지고 말 것"(4:3)이라고 빈정거렸습니다.

결국 유다 백성들이 일제히 성벽 위에 올라가 행진함으로써 보수된 성벽이 이렇게 많은 사람들이 동시에 올라와 걸어 다녀도 무너지지 않을 정도로 튼실하다는 사실을 만천하에 보여 주었습니다. 그래서 특별히 공사를 반대하던 원수들에게 보란 듯이 행진했던 것이지요. 일종의 시위인 셈입니다. 이와 동시에 성벽 위를 걸어가며 활기차게 꿈틀거리는 예루살렘 시내를 바라볼 때 이 모든 것이 하나님의 은혜로 이루어진 것을 깨닫고 하나님께 영광과 감사를 돌리려는 목적도 있었을 것입니다.

찬양과 기쁨, 자발적인 헌신으로 어우러진 대축제

이와 같은 성벽 위 행진도 장관이었겠지만, 우리는 이 행진이 있기 전의 준비 과정과 행진이 끝난 뒤의 결말에도 주의를 기울여야 합니다. 먼저 느헤미야는 봉헌식을 거행하기 전 예루살렘 외곽에 흩어져 살던 레위인 찬양대원들과 음악가들에게 소집령을 내렸습니다(27~30). 에스라와 느헤미야를 중심으로 성벽 위에서 행진하는 무리를 선두에서 이끌던 사람들이 바로 이들, 레위인 찬양대원들과 연주자들이었습니다. 이들이 감사의 찬송을 부르고, 제금과 비파와 수금을 타며 행진하였기에 봉헌식의 분위기를 한껏 고조시켰던 것이지요.

레위인 찬양대원들과 음악가들을 불러 모은 뒤 성벽에 올라가서 본격적인 봉헌식을 시작하기 전, 제사장들과 레위인들이 마음과 몸을 깨끗케 하는 정결례를 행합니다(30). 먼저 목욕을 해서 자신의 몸을 깨끗이 씻고, 옷을 빨고, 성욕을 절제하는 등의 방법으로 솔선수범해서 정결례를 행합니다. 봉헌식을 주도할 성직자이므로 이들부터 몸과 마음을 거룩하게 준비한 뒤 연이어서 백성들과 성문들과 성벽을 정결케 하는 예식을 올립니다. 성직자로부터 출발한 정결례는 일반 백성들과 봉헌해야 할 물건, 즉 성문과 성벽에 이르기까지 모든 것에 철저히 시행됩니다.

사전 준비 작업을 마친 후 두 무리를 지어 성벽을 행진하는 본격적인 봉헌식에서도 레위인 찬양대원들의 찬양과 제사장들이 부는 나팔소리, 그리고 현악기 소리는 하나님께 영광을 돌리는 경배와 감사의 찬양으로 이어집니다. 각종 악기를 동원해서 감사함으로, 즐거움으로 큰 소리를 내며 하나님을 찬양한 것이지요. 그야말로 봉헌식의 전 진행 과정은 기쁨에 겨워 부르는 찬양과 악기 소리가 주종(主宗)을 이루었습니다. 그래서 12장에는 찬양과 관련된 말이 8번, 감사와 관련된 말이 6번, 기쁨과 관련된 말이 7번, 악기 연주와 관련된 말이 3번 등장합니다. 찬양과 음악, 감사와 기쁨이 어우러진 대축제가 바로 예루살렘 성벽 봉헌식의 핵심이었던 것이지요!

경배와 찬양, 연주와 기쁨은 단지 레위인 찬양대원들이나 음악가들, 제사장들에게 국한된 것은 아니었습니다. 봉헌식의 결말을 느헤미야는 이렇게 소개합니다. "이 날에 무리가 큰 제사를 드리고 심히 즐거워하였으니 이는 하나님이 크게 즐거워하게 하셨음이라 부녀와 어린 아이도 즐거워하였으므로 예루살렘이 즐거워하는 소리가 멀리 들렸느니라."(43)

그날의 봉헌식은 엄숙하기보다 시끌벅적한 한바탕 축제 분위기 속에서 치러졌습니다. 예식에 동원된 레위인들이나 제사장들뿐만 아니라 여자와 어린이들까지도 노래 부르며 크게 기뻐하였습니다. 그야말로 남녀노소를 불문하고 이 봉헌식에 참여한 전 유다 민족이 혼연일체가 되어서 즐거워하고 또 즐거워하였지요. 예루살렘에서 즐거워하는 소리가 멀리까지 울려 퍼질 정도였습니다. 당연히 성벽 공사를 방해하던 원수들의 귓전에까지 울려 퍼졌겠지요.

그런데 유다 백성들이 성벽 봉헌식을 하면서 크게 기뻐한 진짜 이유가 있습니다. "이는 하나님이 크게 즐거워하게 하셨음이라." 느헤미야가 사람들로 하여금 일부러 성벽에 올라가 행진하게 한 것은 성 아래를 직접 보라는 의도가 있었습니다. 100년이 걸려도 엄두를 내지 못했던 성벽 보수 공사를 불과 52일 만에 해낸 것은 사람의 힘으로 한 것이 아님을 깨닫게 하려는 것입니다. 그래서 오직 하나님께만 영광과 감사를 돌리게 한 것이지요. 온 유다 백성이 기뻐한 것은 하나님이 주신 기쁨이었습니다.

온통 기쁨에 겨워 봉헌식을 마친 유다 백성들은 너남없이 자원해서 제사장과 레위인들의 생계를 돕기 위해 거제물과 처음 익은 열매와 십일조를 바쳤습니다. 봉헌식 행사가 실제로는 43절에서 끝나지만 느헤미야는 이와 같은 백성들의 자발적인 헌신을 연이어 소개합니다. 그래서 44절 초두에 "그 날에", 즉 봉헌식이 있던 바로 그날에 백성들의 아름다운 헌신이 이어지고 있음을 분명히 했습니다. 백성들의 구체적인 삶에서의 자발적이고 희생적인 헌신과 봉사로 이어졌던 것입니다.

밑바닥에서 꼭대기로 올라서다

2,500여 년 전에 있었던 예루살렘 성벽 봉헌식 장면을 한번 상상해 봅시다. 느헤미야는 백성들로 하여금 성벽에 올라가 두 방향으로 행진하게 했습니다. 그 자신도 백성들과 어울려 행진했습니다. 마침내 성벽 꼭대기에 섰습니다. 온 유다 백성이 올라가도 꿈쩍도 하지 않는 견고한 성벽을 한 발자국 두 발자국 밟아나갈 때, 새로이 인구 배치를 마치고 곳곳에 활기찬 건설 기운이 모락모락 피어오르는 예루살렘 시내를 내려다보는 느헤

미야의 감회는 이루 말할 수 없었을 것입니다. 성벽 꼭대기에 선 감회, 그것은 온갖 고난과 시련과 방해와 회유와 협박을 이겨 내고 이룬 쾌거이기에 남다른 감회였을 것입니다. 저 밑바닥에서부터 땀과 피와 눈물을 흘린 끝에 온갖 장애물을 극복하고 이룬 일이기에 더욱 의미가 컸을 것입니다.

페르시아의 아닥사스다 왕의 눈에 들어 술 맡은 관원으로서 얼마든지 출세와 부귀영화가 보장된 길이 있었음에도 이를 마다하고 누가 봐도 가시밭길이 뻔한 예루살렘의 총독으로 자원해서 왔습니다. 예루살렘에 당도해 보니 무인지경(無人之境), 도무지 말이 나오지 않는 황폐한 도시였습니다. 그나마 터 잡아 사는 유다인들은 사기가 떨어져 하루하루 죽지 못해 사는 폐인들이 되어 있었습니다. 백여 년간 방치되는 동안 예루살렘의 재건을 못마땅해하는 원수들은 독버섯처럼 퍼져 있었습니다. 산발랏과 도비야와 게셈을 비롯한 원수들은 온갖 교묘한 방법으로 성벽 공사를 가로막았습니다. 유언비어를 유포하고 무력을 동원하여 회유하고 유인해서 납치할 음모까지 꾸몄습니다. 하지만 느헤미야는 이 모든 회유와 공갈 협박과 방해 공작을 오로지 하나님께 기도해서 얻은 지혜와 능력으로 차례차례 극복해 냈습니다.

하지만 외부에서 오는 방해 공작보다 훨씬 더 심각한 문제는 유다 사회 내부의 고질적인 압제와 부패였습니다. 유다 귀족들과 관리들이 고리대금업을 해서 가난한 백성들을 착취해 온 오랜 악습이 갑자기 발목을 잡았습니다. 심지어 처자식을 노예로 팔아넘겨도 빚을 갚지 못하는 최악의 빈민들이 속출하였습니다. 이때에도 느헤미야는 먼저 솔선수범함으로써 부정부패를 혁파시킵니다. 자신부터 총독의 녹을 12년 동안 받지 않고 스스로 허리띠를 졸라맸습니다. 이렇게 서슬 퍼런 결기를 가지고 친히 모범을 보이니 어떻게 해서든지 기득권을 놓지 않으려 하던 지배층이 큰 죄책감 없이 되풀이해 온 관행을 포기하고 말았습니다.

그리고 외부의 방해 공작과 내부의 사기 침체와 부정부패를 차례로 극복해 낸 뒤 마침내 기원전 445년 9월 21일, 52일 만에 성벽 재건 작업을 완료하였습니다. 하지만 물리적으로 성벽이 완공되었다고 해서 느헤미야는 곧바로 봉헌식을 하지 않습니다. 훨씬 더 중요한 인간 재건, 예루살렘에 터 잡아 살아갈 새로운 시민들의 영적·도덕적 혁신 없이는 제아무리 튼실한 성벽이 있을지라도 소용이 없다는 사실을 알았기 때문입니다. 그리하여 성벽 공사가 끝난 다음부터 대대적인 영적 대각성 운동과 말씀 회복 운동, 삶의 변화를 연속적으로 촉발시켰고, 이와 같이 영적으로 새로워진 사람들을 중심으로 예루살렘 인구 재배치를 단행합니다. 이렇게 성벽 토목 공사 완료 → 영적으로 정화된 유다 백성을 예루살렘에 재배치해 하나님께 봉헌한 뒤 → 성벽 위를 행진해 예루살렘 성전에서 집결하는 성벽 봉헌식을 마침내 치르게 되었던 것입니다!

이와 같이 느헤미야가 성벽 꼭대기에 서서 천하를 관망하게 된 것은 저 밑바닥에서부터 무너진 성벽, 무너진 백성, 집요한 반대 세력 등의 온갖 장애물을 차례로 극복한 뒤 이룬 쾌거였음을 잊지 말아야 합니다. 진정으로 꼭대기에 서는 일은 저 밑바닥을 기는 역경과 시련 없이는 이루어질 수 없습니다.

삼일절이나 광복절을 맞을 때마다 지도자들부터 성벽 꼭대기에 서 보는 체험을 했으면 좋겠다는 생각을 해 봅니다. 일제에 나라를 빼앗긴 채 압제와 수탈에 신음하던 이 민족이 뜻밖에 해방을 맞았지만 이내 좌우의 이념 대립으로 허리가 두 동강 났고, 결국 전쟁으로 나라 전체는 잿더미가 되고 말았습니다. 전후에 영국의 어떤 신문기자는 "한국에서 민주주의를 기대하는 건 쓰레기더미에서 장미꽃이 피길 바라는 것과 같다."라고 혹평했지만, 우리는 민주화와 산업화를 거의 동시에 이루어 냈습니다.

3월 1일이나 8월 15일, 성벽 꼭대기에 서서 찬란한 발전을 이룬 세상을 내려다볼 때 느헤미야와 같은 뭉클한 감회가 왜 없겠습니까. 하지만 최근의 일본은 과거사에 대해서 참회하지 않고 우경화, 군국주의화를 향해 치닫고 있습니다. 일본은 어쩌면 "사다리를 타고 정상에 오른 사람이 그 사다리를 걷어차 버림으로써 다른 이들이 정상에 오를 수 있는 수단을 빼앗아 버리는", 경제학자 리스트^{F. List}가 말한 '사다리 걷어차기'를 시도하고 있는지도 모릅니다. 항상 자기보다 한 수 밑에 있는 피식민지로만 보아 온 한국이 어느새 버거운 상대가 되자, 이제는 자기가 타고 올라온 사다리를 걷어차서 우리를 경계하고 싶은지도 모를 일이지요. 이러한 때에 유독 성벽 꼭대기에 올라가 천하를 관조하는 느헤미야의 늠름함과 형형한 두 눈빛이 연상되는 것은 무슨 까닭일까요.

느헤미야의 지도력 발전

	술 맡은 관원	성벽 공사 엔지니어	유다 총독
과제	왕 보호	성벽 재건	국가 재건
범위	왕궁	예루살렘	이스라엘
필요	생존	치안	의미
스타일	권위주의적 통제	거래적 명령	변혁적 협동
인격 특징	충성심	일관성	신뢰
업무 능력	과정 완료하기	사람들에게 동기 부여하기	권위 위임하기
자원	권력	계획	설득
갈등	음모	경쟁	이단성
책무	왕에 대한 책무	왕/하나님에 대한 책무	왕/하나님/백성에 대한 책무
영성 생활	준비 기도	업무에 관여하는 기도	기억해 달라는 기도
장기적인 목표	과정의 입증	계획의 완성	국가 시책의 이행

〈David L. McKenna의 「Becoming Nehemiah : Leading with Significance」, 105쪽〉

느헤미야 13:1~31

그 날 모세의 책을 낭독하여 백성에게 들렸는데 그 책에 기록하기를
암몬 사람과 모압 사람은 영원히 하나님의 총회에 들어오지 못하리니
이는 그들이 양식과 물로 이스라엘 자손을 영접하지 아니하고
도리어 발람에게 뇌물을 주어 저주하게 하였음이라
그러나 우리 하나님이 그 저주를 돌이켜 복이 되게 하셨다 하였는지라
백성이 이 율법을 듣고 곧 섞인 무리를 이스라엘 가운데에서 모두 분리하였느니라
이전에 우리 하나님의 전의 방을 맡은 제사장 엘리아십이 도비야와 연락이 있었으므로
도비야를 위하여 한 큰 방을 만들었으니 그 방은 원래 소제물과 유향과 그릇과
또 레위 사람들과 노래하는 자들과 문지기들에게 십일조로 주는
곡물과 새 포도주와 기름과 또 제사장들에게 주는 거제물을 두는 곳이라

chapter 17

인생의 마지막 한 바퀴

느헤미야 13:1~31

느헤미야가 돌아왔다!

느헤미야의 리더십 스타일에서 유독 돋보이는 것은 초지일관된 끈기입니다. 젊었을 때에나 늙었을 때에나 그의 개혁 정신에는 변함이 없습니다. 장거리 달리기를 할 때에도 마지막 한 바퀴가 중요하지요. 처음에 잘 뛰었다고 할지라도 마지막에 힘이 빠지거나 방심하면 안 됩니다. 느헤미야는 젊었을 때에도 올곧은 개혁정신으로 엄청난 일을 이루어 냈지만, 늙어서도 그 못지않은 열정으로 끝까지 개혁 작업을 완료해 낸 보기 드문 지도자였습니다. 그야말로 사도 바울의 고백처럼 선한 싸움을 싸우고, 달려갈 길을 마치고, 끝까지 믿음을 지켜 낸 인물입니다.(딤후 4:7)

　느헤미야서의 마지막 부분인 13장은 느헤미야가 12년 동안의 총독생활을 마치고 다시 예루살렘으로 돌아와 개혁의 마지막 피치를 올리는 장면을 보여 줍니다. 그동안 유다 백성들은 예루살렘 성벽을 재건했고, 대대적인 영적 대각성 운동을 통해 예루살렘의 새로운 시민으로서 새 출발을 하였습니다. 한시름 놓은 느헤미야는 1차 총독직을 완수한 후 페르시아의 아닥사스다 왕이 있는 수산 궁으로 복귀했습니다. 그런데 어떤 연유인지는 몰라도 다시 예루살렘으로 돌아왔습니다. 개인적인 호기심 때문인지, 아니면 예루살렘의 개혁 정신이 크게 퇴조했다는 불길한 소식을 들었기 때문인지 모르지만, 그는 예루살렘으로 돌아왔습니다.

느헤미야가 1차 총독직을 수행하기 위해 예루살렘에 부임했을 때가 아마 마흔 살 정도였을 것입니다. 12년 동안 총독으로 있었으니 페르시아로 복귀했다가 재차 예루살렘에 돌아왔을 때에는 이미 상당한 시간이 흐른 뒤일 것입니다. 느헤미야가 떠난 뒤 예루살렘의 개혁 정신이 크게 퇴조했는데, 특히 이방인과의 국제결혼과 지도층 인사들의 정략결혼으로 인하여 유다 민족의 정체성이 크게 훼손되었다는 사실로 보건대 이런 큰일은 단 몇 년 사이에 일어날 수 없고, 꽤 오랜 시간이 걸려야 할 문제이기 때문에 그렇습니다. 어쩌면 느헤미야가 예루살렘을 떠난 지 적어도 10년 이상의 시간이 흐른 뒤였는지도 모릅니다.

그렇다면 느헤미야가 예루살렘에 두 번째로 돌아왔을 때에는 적어도 60세 이상이 되었을 것입니다. 성경 본문이 정확한 시기와 연령에 대해서 침묵하나, 한 가지 분명히 말할 수 있는 것은 느헤미야가 두 번째로 예루살렘에 부임했을 때에는 상당히 늙은 나이였을 것이라는 사실입니다. 어쩌면 그 당시 기준으로 보면 충분히 은퇴를 하고도 남을 만한 만년(晩年)이었겠지만, 그는 젊었을 때보다도 훨씬 더 매섭고 열정적으로 일관된 개혁을 추진합니다.

다시 떠오른 4대 개혁 과제

오랜 공백 기간 끝에 돌아온 느헤미야가 발견한 예루살렘의 문제는 크게 네 가지였습니다.

첫째, 대제사장인 엘리아십이 느헤미야의 주적들 중의 하나였던 암몬 사람 도비야와 결탁해서 극단적인 성전 모독 사태를 일으킵니다.

둘째, 유다 백성들이 십일조를 내서 레위인들과 노래하는 사람들, 즉 찬양대원들을 부양해야 하는데, 이것을 제대로 하지 못하니 레위인들과 찬양대원들이 성전을 떠나는 일이 속출했습니다. 사실 십일조라는 것이 법적으로 구속력이 있기보다는 종교적인 신앙 문제였기에 경제가 어려울 때에는 내남없이 누구든지 피하고 싶어 하는 부담입니다. 느헤미야가 예루살렘을 비운 뒤 유다 백성들은 십일조 생활을 하지 않았습니다. 그래서 십일조로 먹고사는 제사장들과 레위인들이 생계유지가 어렵게 되자 성전을 버리고 제각기 생활 전선으로 뛰어들었습니다. 이처럼 성직자들이 궤도 이탈을 하니 저절로 성전 예배가 타락하게 되는 것은 불을 보듯 뻔한 일이었습니다.

셋째, 돈 버는 일에 혈안이 되다 보니 안식일에도 상거래 행위를 해서 안식일 정신이 크게 훼손되었습니다.

넷째, 어쩌면 느헤미야가 볼 때 가장 심각한 문제였을 텐데, 이방인과의 혼인으로 인하여 종교문화적인 정체성에 급격한 위기가 닥쳤습니다. 단지 어떤 인종적인 편견 때문에 국제결혼을 우려한 것이 아닙니다. 일찍이 솔로몬이 수많은 이방 여인들과 정략결혼을 해 그 여인들의 종교적 요구를 들어줌으로써 적극적인 우상숭배를 조장했던 것처럼, 무분별한 혼인으로 아예 하나님 신앙을 상실할 정도가 되었기에 느헤미야는 극단적인 조치도 마다하지 않게 됩니다.

제 1 개혁 : 도비야 축출을 통한 성전 정화

대제사장 엘리아십과 도비야의 결탁으로 빚어진 성전 모독 사태를 느헤미야는 특유의 결단력과 추진력으로 일거에 해결합니다. 먼저 도비야는 암몬 사람으로서 느헤미야의 성벽 재건을 집요하게 방해한 원수들 중의 원수였습니다. 본래 도비야는 느헤미야의 최고 정적이던 사마리아 총독 산발랏의 신하로서 사마리아의 한 지방 관리였던 것으로 보입니다. 이 도비야는 느헤미야와 유다 백성들이 성벽을 다시 쌓는다는 소문을 듣고서는 여우 한 마리만 올라가도 쉽게 무너질 것이라고 비웃던 사람입니다.(4:3)

산발랏이나 도비야 모두 느헤미야를 몹시 괴롭히던 원수들인데, 어느 순간부터는 산발랏의 이름보다 도비야의 이름이 앞서 나오기 시작합니다(6:12, 14). 산발랏보다도 오히려 도비야의 세력이 더 강해져서 느헤미야에 대한 적대 행위를 도비야가 주도하게 되었다는 사실을 암시해 줍니다. 이것은 느헤미야서 전체에 산발랏의 이름은 10번 정도 등장하는데, 도비야의 이름은 무려 17번이나 등장한다는 사실에서도 입증됩니다. 그만큼 도비야는 정치적 수완이 뛰어난 인물로서 유다의 최고 종교 지도자인 대제사장 엘리아십에게까지 마수를 뻗쳐 포섭할 정도였습니다.

도비야는 예루살렘이 폐허로 방치되어 있는 동안 이런저런 연줄을 통해 막대한 경제적 이권을 챙겼습니다. 도비야는 유다인 아라의 아들 스가냐의 딸과 결혼했고, 도비야의 아들조차도 유다인 베레갸의 아들 므술람의 딸과 결혼했습니다(6:18). 므술람은 느헤미야가 성벽을 재건할 때

크게 기여했던, 느헤미야의 두터운 후원자이기도 했습니다.(3:4, 6, 30)

도비야는 본래 유다인이 아닌 암몬인이었지만 이와 같이 유다의 유력한 지도자 므술람과 사돈관계를 맺을 정도로 많은 친척들과 친구들을 곳곳에 심어 두어 두터운 인맥과 무시 못 할 영향력을 행사하고 있었지요. 유다에는 도비야와 동맹을 맺은 사람들이 워낙 많았기에 유다 지도자들은 심지어 느헤미야 앞에서도 도비야를 서슴없이 칭찬했고, 느헤미야의 일거수일투족을 도비야에게 일러바칠 지경이었습니다.(6:18b~19)

이런 도비야가 느헤미야가 떠난 뒤 다시 활개를 치게 된 것은 매우 당연한 일입니다. 그런데 느헤미야가 없는 동안 도비야가 가장 먼저 추파를 던져 매수한 인물이 대제사장 엘리아십입니다. 오늘로 치면 추기경이나 총회장, 감독회장 정도 되는 교단의 우두머리를 포섭했다는 말입니다. 이 엘리아십은 자신의 손자를 산발랏의 딸과 결혼시킨 장본인이기도 했는데(13:28), 벌써 이런 일로 인하여 제사장은 자기 백성 가운데서 처녀를 아내로 맞아야 한다는 율법을 스스로 어겼던 셈입니다.(레 21:13~15)

우리는 도비야보다도 유다 사회 내부에서 '히브리혼'을 상실하고 현실적인 이해타산만 셈하던 이런 엘리아십과 같은 인물을 더욱 심각하게 봐야 합니다. 그러기에 도비야보다 훨씬 더 심각한 원수는 엘리아십과 같은 내부의 적입니다. 그는 대제사장이라는 신성한 직무를 유기하고 가장 거룩한 곳이 되어야 할 성전을 유다와 느헤미야의 원수인 도비야의 안방으로 내어 준, 도무지 이해 못 할 위인입니다. 그곳은 백성들이 바친 성물, 즉 곡식 제물, 유향, 그릇, 레위인들을 비롯한 성전 봉사자들에게 주기 위한 십일조 곡식과 포도주 등등을 보관하는 장소였습니다. 엘리아십은 자신의 본분과 사명을 망각하고 가장 거룩해야 할 장소를 원수의 아지트로 넘겨주는 범죄를 저질렀던 것입니다!

도비야가 거주할 장소가 다른 곳에도 많았겠지만 굳이 성전의 성물과 기물을 보관하는 방을 자신의 안방으로 삼은 이유는 성전 예배가 무너져야 예루살렘 전체가 무너진다는 사실을 누구보다도 잘 알았기 때문입니다. 그래서 그 거룩한 방 안에 있던 일체의 성물이나 기물을 다 바깥으로 내다 놓고 보란 듯이 둥지를 틀고 있었던 것이지요.

예루살렘에 돌아온 느헤미야는 이와 같은 성전 모독을 도저히 묵과할 수 없었습니다. 느헤미야는 일단 옳다고 여긴 다음에는 언제나 망설이는 법이 없었습니다. 추상같이 즉각적인 행동을 보여 줍니다. "내가 심히 근심하여 도비야의 세간을 그 방 밖으로 다 내어 던지고 명령하여 그 방을 정결하게 하고 하나님의 전의 그릇과 소제물과 유향을 다시 그리로 들여 놓았느니라."(8~9)

느헤미야는 도비야의 살림도구를 다 밖으로 집어 던지고, 향을 피워 성전 방을 정결케 하는 의식까지 치른 뒤에 본래의 성물과 기물을 다시 들여오게 했습니다. 그야말로 방 안에 스며든 도비야의 체취까지도 다 털어 내고 다시는 성전에 발을 못 붙이도록 원천 봉쇄를 했고, 그 방이 원래의 거룩한 기능을 할 수 있도록 원상회복 조치를 단행했던 것입니다.

느헤미야는 성전 정화 작업을 하면서 분노했습니다. 이 거룩한 분노야말로 성전을 강도의 소굴로 만든 장사꾼들을 내쫓으시고 대대적으로 정화하셨던 예수님을 연상시킵니다(막 11:15~19). 느헤미야가 없는 틈을 이용해 유다의 심장부까지 차지하려던 도비야의 야심은 느헤미야의 과단성 넘치는 개혁으로 결국 수포로 돌아가고 맙니다.

어언 2,500여 년이 지난 지금 여기에서 이 이야기를 읽는 우리에게 가장 궁금한 대목은 이 일이 있은 후 과연 엘리아십이 느헤미야의 화난 모습과 성전 방에서 쫓겨난 도비야를 어떤 눈으로 지켜봤을까 하는 것입니다. 도비야에게 성전 방을 넘겨준 것이 자신이었기에 느헤미야의 행위에 대해서 가장 큰 모욕감을 느껴야 할 사람은 엘리아십이었을 것입니다. 과연 이 일이 벌어지는 그 순간 엘리아십은 어디에서 무엇을 하고 있었을까요?

마땅히 대제사장 엘리아십이 해야 할 종교개혁을 정치가인 느헤미야가 하고 있다는 사실은 아이러니 중의 아이러니가 아닐 수 없습니다. 느헤미야의 리더십에서 가장 돋보이는 것은 그가 개인적인 이득에는 전혀 관심이 없었다는 사실입니다. 종교 지도자가 해야 할 일에 정치 지도자가 관여해 봤자 자신에게 돌아올 유익이 전혀 없음에도 불구하고 오로지 하나님과 유다 백성들을 위하여 자신의 안전과 이득을 돌보지 않고 개혁의 불구덩이에 뛰어든 것입니다.

제2개혁 : 십일조 회복을 통한 성전 정상화

느헤미야는 십일조 개혁에도 눈을 돌립니다. 이것은 첫 번째 개혁과도 연결됩니다. 도비야가 안방처럼 써 온 성전의 방은 본래 레위인들이나 제사장들에게 줄 십일조 헌물을 보관하는 곳이었습니다. 도비야가 다름 아닌 이곳을 엘리아십에게 요구한 것은 예루살렘의 종교 지도자들, 즉 레위인들과 노래하는 찬양대원들과 제사장들이 제구실을 하지 못하도록 막기 위해서였습니다. 종교가 죽어야지만 도비야를 비롯한 원수들이 활개를 치기 때문입니다. 도비야가 바로 그 십일조 헌물을 저장하는 장소를 차지하고 들어앉아 있으니, 그러잖아도 경제가 어렵던 차에 십일조 생활에 염증을 내던 유다 백성들은 너나없이 십일조 생활을 그만두기 시작했습니다. 십일조로 먹고사는 레위인들과 찬양대원들과 제사장들은 자연스레 생계유지가 안 되니 하나둘 성전을 버리고 들로, 밭으로, 시장으로 떠났습니다.

이제 느헤미야는 흩어졌던 성전 관리들과 레위인들을 불러 모아 성전 일을 계속하도록 독려했습니다. 그러자 백성들 역시 중단했던 십일조 생활을 재개하고, 성전 곳간도 십일조 헌물들로 가득 차기 시작했습니다. 느헤미야는 백성들에게 신임을 얻는 정직한 사람들을 창고지기로 세우고 십일조로 얻은 헌물을 공평하게 분배하도록 지시했습니다. 곳간의 유지관리와 공평한 분배를 한 사람에게 전담해서 시키지 않고, 정직한 사람들을 중심으로 일종의 위원회를 만들어 모든 일을 서로 견제하고 감독하면서 투명하게 일 처리를 하도록 만들었습니다.

느헤미야의 지도력은 이와 같이 언제나 치밀하고 확실합니다. 적당한 선에서 끝내지 않고 완전하고 무흠한 일이 되도록 성심성의를 다합니다.

제3개혁 : 상거래 행위 중단을 통한 안식일 회복

느헤미야가 손본 개혁의 중심 주제는 안식일 제도의 회복이었습니다. 그동안 안식일 준수는 눈에 띄게 해이해졌습니다. 안식일인데도 장사치들이 곡물이나 과일을 예루살렘 성 안으로 반입했습니다. 안식일에는 일체의 노동을 중단하고 무조건 쉬어야 함에도 돈에 눈이 멀어 서슴지 않고 상거래 행위를 하는 모습이 곳곳에서 포착되었습니다. 심지어 지중해 연안에 위치한 페니키아의 해양도시 두로 지역의 상인들이 물고기와 각종 물건을 예루살렘으로 들여와 유다인들에게 팔았습니다. 안식일에 그야말로 국제적인 해양 무역상들까지 노골적으로 설치면서 유다인들에게 호객 행위를 한 것이지요.

이때에도 느헤미야는 정공법을 선택합니다. 먼저 사고파는 일을 중단하라고 경고합니다(15). 그런 뒤 유다의 지도층 귀족들을 불러서 호되게 꾸짖습니다(17~18). 귀족들부터 이권에 눈이 멀어 안식일을 어기니 일반 백성들은 말할 것이 없었겠지요. 이와 같은 지도층 인사들이 안식일에 적극적으로 상거래 행위를 했는지 아니면 그냥 수수방관만 했는지 알 수 없지만, 느헤미야는 먼저 지도자들부터 바로잡지 않고서는 안식일 제도를 회복할 수 없음을 너무도 잘 알았습니다. 그는 경고하고 책망하는 것으로 그치지 않고 구체적인 행동으로 나아갑니다.

먼저 안식일이 시작되는 금요일 저녁 해가 지기 직전에 성문을 닫고, 토요일 하루 종일 안식일이 지나기 전에는 성문을 열지 못하도록 쐐기를 박았습니다(19). 이것도 부족해서 느헤미야의 수하에 있는 젊은 종들을 성전 문에 세워 안식일에는 일체의 물건을 들여오지 못하도록 직접 감독하게 만들었습니다. 이렇게 되자 미련을 버리지 못한 일부 상인들이 문이 닫힌 예루살렘 성문 밖에서 잠을 청하는 일이 한두 번 있었습니다. 오랫동안 상거래 행위를 통해 짭짤한 이득을 보아 온 사람들이 하루아침에 장사를 그만둘 리 만무했습니다. 그래서 이들은 느헤미야의 반응이 어떻게 나올지 일단 응수타진부터 먼저 했던 것이지요. 하지만 이번에도 느헤미야는 조금도 타협하지 않고 추상같은 결단을 내립니다. 다시 한 번 더 성문 밖에서 잠을 자면 모조리 잡아들이겠다고 엄포를 놓았더니, 그 다음부터는 안식일에 잡상인들이 감쪽같이 자취를 감추었습니다.

느헤미야야말로 용의주도한 지도자였습니다. 경제적인 이득이 있는 일이라면 안식일이든 무엇이든 안중에도 없이 눈이 벌게서 장사하던 이들이 느헤미야의 과감한 개혁 드라이브에 밀려 거룩한 날을 어김없이 준수하게 되었던 것이지요.

제 4 개 혁 : 이 방 인 들 과 의 통 혼 금 지 를 통 한 가 정 회 복

어쩌면 느헤미야가 가장 손대기 어려운 부분이었을지도 모르는 가정 개혁을 단행했습니다. 예루살렘에 돌아와 보니 유다 남성들이 유다와 예루살렘의 재건과 부흥을 가로막는 아스돗과 암몬과 모압 여인들을 아내로 취하여 보란 듯이 살고 있었습니다. 느헤미야 자신이 유다인 포로 후손으로서 페르시아의 관료로 있었기에 외국인에 대한 편견이나 인종 차별 때문에 이와 같은 통혼을 문제시하지는 않았을 것입니다. 실제로 다윗의 증조할머니인 룻이 모압 여인이었기에 국제결혼 그 자체가 문제가 되는 것은 아니지요.

그보다 훨씬 더 중요한 문제는 통혼으로 유다 백성들이 간신히 되살려 놓은 민족의 정체성을 영영 잃어버리고, 훨씬 더 중요한 하나님 신앙과 심지어 모국어인 히브리어까지 잊어버리고, 이방 아내들이 가지고 들어온 이방 종교와 문화와 언어에 완전히 흡수되고 동화되는 현상입니다. 그렇게 되면 느헤미야가 그토록 목숨을 걸고 추진해 온 유다 민족의 정체성 회복은 끝장나고 말 것입니다. 실제로 느헤미야가 예루살렘에 돌아와 보니 이방인과의 통혼이 너무나 흔한 풍습이 되어 있었는데, 더더욱 충격적인 일은 그 2세 자녀들 중의 절반이나 어머니 나라 말은 잘하면서 유다 말은 하나도 못하는 것이었습니다.

기실 한 나라의 종교와 문화를 비롯한 일체의 민족적 정체성의 핵심은 언어에 달려 있다고 해도 과언이 아닙니다. 아버지 나라인 유다의 언어는 점점 잊어버리고 외국인인 어머니 나라의 말은 유창하게 잘한다는 것은 결국 그 2세 자녀가 어머니 나라의 종교문화에 흡수되어 간다는 말과 마찬가지입니다. 아무래도 밖에 나가서 일하는 아버지보다는 주로 집에 머무르는 어머니와 함께 있는 시간이 더 많기에 혼혈아 2세들은 자연스레 어머니 나라의 문화와 종교, 언어에 훨씬 더 영향을 받을 것입니다.

하지만 예나 지금이나 남의 가정사에 뛰어드는 것은 너무도 어려운 일이지요. 그야말로 가장 은밀한 자유가 보장되어야 할 사적 공간인 가정일에 뛰어드는 것은 큰 반발을 초래할 수 있고, 때로 오만불손하게 비쳐질 수도 있습니다. 하지만 느헤미야는 이 문제에 대해서도 한 치의 양보가 없었습니다. 그야말로 그 옛날 솔로몬 임금의 경우처럼 유다 민족의 존립 문제가 이방인과의 통혼에 있다고 본 느헤미야는 이번에도 어김없이 예리한 개혁의 칼을 빼들었습니다.

먼저 유다 말을 제대로 못하는 아버지들을 불러 꾸짖습니다. 매를 대는 일부터 미리 하지 않고 우선 책망을 했다는 것은 순서상 참 중요하지요. 먼저 말로 타일러 본 다음에 안 되면 그 다음에는 저주받을 것이라고 조금 강도를 높여 심하게 야단을 칩니다(25). 하지만 완고한 사람들 중에는 말로는 안 통하는 사람들이 있게 마련이지요.

느헤미야서에서 가장 흥미진진한 대목이 느헤미야가 폭력을 행사한 대목입니다. 책망도 저주도 통하지 않자, 그중의 몇 사람을 구타했고 머리털을 뽑기까지 했다는 것입니다(25). 얼마나 답답하고 얼마나 긴박했으면 폭력 행사도 불사했을까요. 때렸다는 말이 곤장을 치듯 태형을 가했다는 말인지 아니면 주먹으로 구타를 했다는 말인지 알 수 없지만, 머리를 뽑았다는 말은 너무도 분명합니다. 중동 지역에서는 죄인으로 생각되는 사람들에게 종종 공격적인 행동을 하는데, 상대방의 머리카락을 끌어당기거나 머리털을 뽑아서 공개적인 굴욕감을 줄 때가 있습니다.

느헤미야 역시 일벌백계(一罰百戒)의 차원에서 유다 말을 전혀 못한 채, 언어고 신앙이고 모조리 다 잃어버린 뒤 완전히 이방문화에 동화된 사람들을 몇몇 골라서 공개적인 굴욕감을 주고자 했던 것이지요. 잘못을 저지른 당사자나 이를 지켜보는 유다 백성들이나 막론하고 혹독한 수치심을 주어서 다시는 이런 일이 되풀이되지 않게 하려고 한 것입니다.

예서 그치지 않고 남녀를 불문하고 절대로 이방인들과 통혼해서 유다 민족의 정체성을 상실하는 일이 없어야만 한다고, 하나님 앞에 공개적인 맹세까지 하도록 합니다. 그런 뒤, 산발랏의 딸과 결혼한 대제사장 엘리아십의 손자를 자기 앞에 얼씬도 하지 못하도록 영구 추방령을 내립니다. 느헤미야의 개혁은 이다지도 철저합니다.

느헤미야의 개혁은 참으로 옹골찬 개혁이었습니다. 도비야를 비롯한 적대 세력을 축출함으로써 이루어진 '성전 정화' → 레위인을 복귀시킨 뒤 십일조 회복을 통한 '성전 정상화' → 상거래 행위의 중단을 통한 '안식일 준수 회복' → 그리고 이방인과의 통혼 금지를 통한 '가정 회복' 등 느헤미야가 실시한 4대 개혁은 조금의 인기도 얻을 수 없는 참 재미없는 일들입니다. '포퓰리즘'(popularism)이라는 말도 있듯이 정치인들은 대개 표를 많이 얻을 수 있고, 인기만 올라간다면 무엇이든지 할 수 있습니다. 하지만 느헤미야는 그런 대중의 인기에 영합하는 지도자상과는 거리가 멉니다. 가장 먼저 하나님이 기뻐하시는 일이라면 인기를 얻든 못 얻든 목숨을 걸고 그 일을 해내고야 마는 불요불굴의 지도자가 바로 느헤미야였습니다. 어쩌면 느헤미야의 시대가 이와 같이 일체의 타협을 모르는 불굴의 지도자를 요구한 위기의 시대였는지도 모릅니다. 지도자의 중요한 덕목 중 하나인 포용성보다는 비타협적 철저성이 요구되는 시대였습니다. 젊었을 때에나 늙었을 때에나 한결같이 올곧은 정신으로 타협하지 않고 개혁을 완수했다는 사실은 느헤미야가 달리기 경주의 마지막 한 바퀴까지 확실히 완주했음을 분명히 보여 줍니다.

고독한 노인의 마지막 기도

13장에서 가장 흥미로운 부분은 개혁의 완료를 알릴 때마다 느헤미야가 하나님께 드리는 기도의 내용입니다. "내 하나님이여 이 일로 말미암아 나를 기억하옵소서 내 하나님의 전과 그 모든 직무를 위하여 내가 행한 선한 일을 도말하지 마옵소서."(14) "내 하나님이여 나를 위하여 이 일도 기억하시옵고 주의 크신 은혜대로 나를 아끼시옵소서."(22b) "내 하나님이여 나를 기억하사 복을 주옵소서."(31)

느헤미야서는 기도로 시작해서 기도로 끝이 나는데, 13장에서 개혁을 완료할 때마다 드리는 마지막 기도들은 왠지 모르게 조금은 이기적인 것처럼 들립니다. "내가 한 일을 기억해 주십시오!" 아주 투박하고 다듬어지지 않은 기도이지요.

하지만 이 기도야말로 느헤미야의 가장 진실하고 원초적인 감정과 믿음을 그대로 전달해 주는 기도입니다. 느헤미야는 분명히 사람들이 자기가 한 일을 기억해 달라고 기도하지 않았습니다. 오로지 하나님의 인정과 기억을 간구할 뿐입니다. 이러한 기도야말로 느헤미야의 기도가 얼마나 순직(順直)한 마음으로 오직 하나님만 향해 있는지를 여실히 보여 줍니다. 엄청난 위기와 온갖 방해와 장애물 앞에서 주눅들지 않고 하나 둘,

개혁 과제를 완수할 수 있었던 것은 오직 기도를 통한 하나님의 은혜 때문이었습니다. 그러기에 주변 환경이나 사람들의 눈치를 보지 않고 오직 하나님의 뜻만 좇아 온갖 풍상을 이겨 낸 느헤미야와 같은 사람만이 이런 기도를 드릴 수 있을 것입니다. 그리고 어쩌면 잇단 개혁정치를 통하여 사람들에게 실망하고 심신이 다 찌든, 가장 고독한 노정치인만이 이와 같이 저 가슴 밑바닥에서부터 솟구치는 절절한 절규의 기도를 드릴 수 있을 것입니다.

느헤미야의 마지막 개혁 이야기를 읽노라면 안도현의 시집 「외롭고 높고 쓸쓸한」(문학동네, 2004)이 떠오릅니다. 어쩌면 이 제목은 시인 백석(白石)에게서 빌려온 듯이 보입니다. 백석은 시인으로서의 자신의 운명을 이렇게 노래합니다.

나는
이 세상에서
가난하고 외롭고 높고 쓸쓸하니
살아가도록 태어났다 ('흰 바람 벽이 있어')

안도현이나 백석이나 대부분의 시인들은 하나의 운명처럼 외로운 이들인 것 같습니다. 하지만 그들의 꿈과 이상은 너무나 맑고 높아서 감히 세인들이 범접할 수 없습니다. 그래서 백석은 눈이 푹푹 쌓이는 밤 사랑하는 연인 나타샤와 함께 흰 당나귀를 타고 산골 깊숙이 들어가는 절창을 뽑아냅니다.

산골로 가는 것은 세상한테 지는 것이 아니다
세상 같은 건 더러워 버리는 것이다 ('나와 나타샤와 흰 당나귀')

진실로 일평생 고결한 삶을 살아온 시인만이 부를 수 있는 노래이지요. 그런데 노년의 느헤미야를 생각할 때 이와 같은 시인들의 외롭고 높고 쓸쓸한 이미지가 겹쳐집니다. 진정한 개혁자는 개혁의 성과를 살아생전 다 누리는 사람이 아니라 영원한 야인, 아니 시인이 되어서 참으로 외롭고 높고 쓸쓸한 나그네로 머물러야 할 것 같습니다. 그러기에 "나의 하나님, 나를 기억하여 주소서!"라는 느헤미야 최후의 기도야말로 왠지 모르게 외롭고 높고 쓸쓸한 시인의 노래와 중첩되는 것 같습니다.

EPILOGUE
에필로그

"그들이 조금만 더 구원받은 사람들처럼 보인다면 나도 그들의 구원을 믿겠소." 니체Friedrich Wilhelm Nietzsche(1844~1900)가 한 말입니다.

"그리스도인들이 그리스도의 발꿈치도 못 따라가니 정말 애석한 일이다." "예수는 좋은데 예수쟁이들은 싫다." "예수여, 당신의 추종자들로부터 우리를 구하소서!" 세상 사람들은 이런 유의 고전적 조소와 더불어 다양한 현실적 비판을 일부 대형화된 교회뿐만 아니라 교회 전체를 향해 일방적으로 퍼부을 때가 많습니다.

물론 교회는 이런 비판을 겸허히 수용하고 끝없이 자기성찰을 해야 마땅하겠지요. 무엇보다도 '양과 염소의 비유'에서처럼 승천하신 후 우리와 함께 육체적으로 계시지 않는 예수님이 굶주린 자, 목마른 자, 나그네된 자, 헐벗은 자, 병든 자, 감옥에 갇힌 자들 속에 위장한 모습으로 계신다는 사실을 분별해야 할 것입니다(마 25:31~46). 테레사Mother Teresa(1910~97) 수녀의 말대로 예수님이 어떤 '지극히 작은 이웃'의 모습으로 위장하고 계신지 교회가 찾아나서야 함에도 그렇게 하지 못한 것을 회개해야 합니다.

그리하여 까딱 잘못하다가는 가장 화려하고 힘 있는 교회야말로 예수님의 뜻을 가장 조직적으로 왜곡할 수 있음을 직시해야 할 것입니다.

그렇지만 불완전한 교회에 대해서도 할 말은 있습니다. 교회는 결코 완전한 의인들의 모임이 아닙니다. 루터의 말대로 교회는 "의인이면서 죄인이고, 죄인이면서 의인"인 이중적이고 모순적인 사람들의 혼합체인 까닭에 실수와 오류가 있게 마련입니다. 그래서 십자군 전쟁, 마녀재판, 나치 정권에의 부역, 남아공의 아파르트헤이트 등에 이르기까지 무수한 잘못을 저질러 왔습니다. '보이지 않는 영원한 교회'나 완전할 뿐 역사 속의 '보이는 교회'는 이렇게 언제나 공과(功過)를 함께 품고 있습니다.

어떤 사람이 가시적인 한 교회에 속한다고 해서 저절로 거룩해지는 것은 아닙니다. 유능한 목사의 설교나 예전, 교리, 제도, 봉사 때문에 거룩해지는 것도 아니지요. 오로지 예수 그리스도라는 진주를 품고 있기 때문에 거룩해질 뿐입니다. "개혁된 교회도 항상 개혁될 필요가 있다."는 구호처럼 교회는 그리스도의 참 정신을 바르게 계승하고 있는지 끝없이 반문하며 자신을 채찍질해 나가는 수밖에 없습니다.

이와 같은 변명에도 불구하고 요즈음 교회에 대하여 들려오는 추문들을 듣노라면 한숨만 나옵니다. 무엇보다도 느헤미야의 마지막 개혁 몸부림에 대한 이야기는 한국 교회의 참담한 현실을 그대로 떠올리게 합니다. 그 개별적인 정황은 각각 다르겠지만, 느헤미야 시대의 위기나 우리 시대의 위기는 그 본질에서만큼은 동일하다고 생각합니다.

도비야가 성전 안방을 차지했던 것은 오늘날 물질만능주의와 세속적 가치가 교회 안에 침투해 둥지를 틀고 있는 현실과 흡사합니다. 유다 백성들이 십일조 생활을 등한시하게 되자 레위인들과 제사장들이 생계유지를 위해 성전을 이탈했던 모습은 오늘날 최저생활 수준에도 미치지 못해 단지 먹고 살기 위해 목회자 가족들이 2중, 3중직을 갖는 비참한 현실을 떠올리게 합니다. 안식일에도 이득이 되는 일이라면 어떤 일도 마다하지 않았던 느헤미야 시대의 실상은 오늘날 눈에 띄게 줄어들고 있는 한국 교회 교인들의 주일 성수 의식에 비견할 수 있습니다. 세례도 받았고 구원의 확신도 있는 교인들 가운데 교회에 **안나가**는 이른바 '가나안 교인들'의 숫자가 100만 명에 육박한다는 통계가 있습니다.

느헤미야를 가장 격분시켰던 이방인들과의 자유 통혼 문제는 우리 자녀들이 비그리스도인 배우자들과 결혼하는 사례가 급증하고 있다는 작금의 현실에 빗대어 볼 수 있습니다. 오늘날 40대 이상 기성세대의 복음화율은 20%가 넘지만, 20~30대는 10% 안팎이라는 보고가 있습니다. 그야말로 우리 자녀들이 그리스도인 배우자를 만나는 일 자체가 점점 더 어려워지다 보니 무신론자는 물론이고 타종교를 가진 젊은이들과 결혼하는 사례가 비일비재한 형편입니다. 비그리스도인들과 결혼한 우리 자녀들이 자식을 낳아 기를 경우 그들을 기독교 신앙으로 기른다는 보장이 없고, 기독교로 돌아올 가능성도 점점 줄어들 것이 뻔합니다. 느헤미야 시대가 그랬던 것처럼, 결국 우리 후손들은 기독교 언어와 문화까지 상실할 가능성이 높아지고 있습니다. 그러기에 이방인과 통혼한 이들 가운데 완고한 사람들을 일벌백계의 차원에서 구타하고, 심지어 머리카락을 뽑아 수치심을 주려고 했던 느헤미야의 절박한 심정은 결코 남의 일이 아닙니다.

2050년이 되면 한국 교회의 교인 수는 300~400만 명으로 줄어들 것이라는 전망이 있습니다. 이것은 지난 10년 동안 각 교단마다 평균 3만 명씩 주일학교 어린이들이 줄어들고 있는 냉엄한 현실 통계로 볼 때 과장은 아닌 듯싶습니다.

　이제 무너진 성벽, 교회를 다시 세우고 무너진 그리스도인들을 다시 세우는 일은 느헤미야 시대만큼이나 우리 시대의 긴박한 과제가 되고 말았습니다. 느헤미야와 같은 탁월한 지도자들을 세우고, 느헤미야를 도와 새 예루살렘과 새 유다 재건에 나섰던 그런 동역자들을 세우는 일이 참으로 긴요해진 시대가 되었지요. 이 위기의 시대에 우리는 한 곳에 일신의 안일을 위해 머무르는 정주자가 아닌 대탈주자요, 거룩한 밀정으로서 오로지 하나님의 밀명만을 성실히 수행한 느헤미야의 애끓는 기도 소리를 잊지 말아야 할 것입니다.

　"내 하나님이여 나를 기억하사 복을 주옵소서!"(느 13:31)

개혁 지도자 느헤미야

김흥규 지음

초판 1쇄 2014년 2월 20일

발 행 인 전용재
편 집 인 손인선
펴 낸 곳 도서출판 kmc
등록번호 제2-1607호
등록일자 1993년 9월 4일
(110-730) 서울특별시 종로구 세종대로 149 감리회관 16층
　　　　　　기독교대한감리회 출판국
대표전화 02-399-2008, 4365(팩스)
홈페이지 http://www.kmcmall.co.kr
디 자 인 디자인통 02-2278-7764

값 **10,000원**
ISBN 978-89-8430-635-6 03230

이 도서의 국립중앙도서관 출판시도서목록(CIP)은 서지정보유통지원시스템 홈페이지
(http://seoji.nl.go.kr)와 국가자료공동목록시스템(http://www.nl.go.kr/kolisnet)
에서 이용하실 수 있습니다.(CIP제어번호 : CIP2014003128)